ALPHONSE GUÉRIN

SA VIE — SES OEUVRES

PAR

ORIEULX DE LA PORTE

LAVAL

IMPRIMERIE-LIBRAIRIE CHAILLAND

Rue des Béliers (place des Arts)

ALPHONSE GUÉRIN

ALPHONSE GUÉRIN

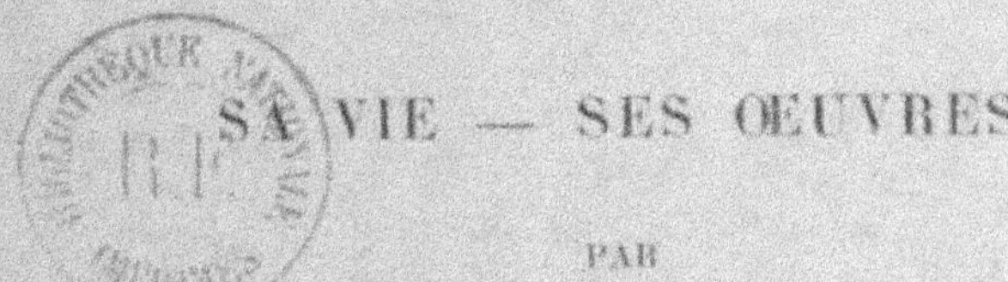

SA VIE — SES ŒUVRES

PAR

M. ORIEULX DE LA PORTE

LAVAL

IMPRIMERIE-LIBRAIRIE CHAILLAND

Rue des Béliers (place des Arts).

ALPHONSE GUÉRIN

> « Je laisserai un nom honoré, mais qui
> » sera bien vite oublié. Je me dis cela
> » et pourtant je ne peux pas me décider
> » à préférer la vie d'un sybarite à celle
> » du travailleur. Le travail est dans la
> » destinée des hommes qui ont reçu du
> » ciel quelque aptitude aux travaux de
> » l'esprit. »
>
> (Alph. Guérin : lettre à sa femme,
> nov. 1863.)
>
> « Chez Alphonse Guérin, l'homme est
> » aussi intéressant à étudier que le chi-
> » rurgien. »
>
> (Discours du Dr Guyon.)

AVANT-PROPOS

L'année terrible finissait ; les blessés mouraient « comme des mouches » dans les hôpitaux parisiens. « Les plus éminents maîtres de la chirurgie, épouvantés, arrivaient à douter de leur art. Trélat fuyait l'hôpital Saint-Louis, après y avoir perdu *tous* ses blessés ; Gosselin, Verneuil et Nélaton

fermaient leurs salles. Broca déposait son bistouri (1). »

Nélaton, désespéré d'avoir perdu soixante-dix
malades sur soixante-dix opérés dans son ambulance du *Grand-Hôtel* installée avec tout le con-
fort possible, Nélaton disait qu'il faudrait élever
une statue d'or à celui qui trouverait le moyen de
prévenir l'*infection purulente*, cause de cette ef-
froyable mortalité.

A cette heure, si meurtrière qu'on n'en avait
jamais vu de plus sombre, courut dans les hôpitaux un bruit qui causa une stupeur indicible : le
chirurgien Alphonse Guérin, dans son service de
Saint-Louis, avait obtenu dix-neuf guérisons sur
trente-quatre opérés ! Il prétendait guérir les amputés de la cuisse ! (Et tous ceux qui furent pansés
par *lui-même* échappèrent à la mort.) Trois jours
après l'opération, on les voyait se dresser déjà sur
leur moignon, courir avec leurs béquilles, quand
dans les autres services, ceux qui réchappaient
— infime minorité — demeuraient les quarante
jours réglementaires étendus dans leur appareil.

(1) D* Paul Reclus, discours.

C'était vrai.

> Il chercha, découvrit et soudain les blessés
> Consentirent à vivre, étant par lui pansés.
> Cet enchanteur, armé d'une méthode sûre,
> Par la gangrène fit respecter la blessure (1).

« C'était *la Révolution* pour la chirurgie, l'aurore d'une ère triomphante, l'avènement de la méthode antiseptique en France (2). »

Paisible et bienfaisante révolte de l'humanité contre le mal, poursuivie depuis des années avec une infatigable persévérance, une ténacité bretonne par Alphonse-François-Marie Guérin, *le créateur et le précurseur de la doctrine microbienne.*

(1) Léon Durocher.
(2) Dr P. Reclus.

Ploërmel : la Tour des Fossés, vue du jardin de la famille Guérin.

CHAPITRE PREMIER

Enfance et jeunesse. — La première saignée. Histoires du temps.

Alphonse Guérin naquit à Ploërmel (Morbihan) (1), le 9 août 1816, dans une maison située près des Halles, au centre de la ville. Quelques années après — à la mort de son père — sa famille s'installa dans

(1) *Ploërmel*, 5.761 habitants, doit son nom à S. Armel, anachorète du vi⁰ siècle, qui se retira dans ce pays et groupa le premier noyau de population autour de son ermitage (*Plou-Armel* peuplade d'Armel). L'enceinte de la ville a perdu ses trois portes, mais elle a conservé, en partie, les remparts et les fossés qui l'entouraient au moyen âge. Elle possède une église, Saint-Armel, dont la façade est ornée de très fines et curieuses sculptures; ses riches verrières de la même époque (xvi⁰ siècle) sont exceptionnellement belles. Malgré son apparence modeste, cette petite cité bretonne est éclairée à l'électricité, mais il n'en était pas ainsi sous la Restauration; on y aurait vainement cherché un réverbère. Le conseil municipal, sollicité d'en faire établir quelques-uns, avait répondu que chacun ayant sa lanterne, il était inutile de grever les finances de la ville d'une dépense si luxueuse!

une maison beaucoup plus vaste, mais tant soit peu
penchée par la vieillesse, au quartier de *la Porte
d'en Haut*, près des Fossés, presqu'en pleine campagne, avec ses trois jardins superposés aux pieds
des remparts, son pré planté d'un noyer centenaire
et d'une ligne de hauts peupliers dont le hardi gar-
çonnet ne craignait pas de faire l'ascension pour
dénicher les nids de pies construits à la cime. 1.500
mètres plus loin se trouvait avec sa cascade haute de
7 mètres, le pittoresque *étang du Duc*, où l'été les bai-
gnades des deux frères faisaient leur grand amusement.

Au delà, entre Ploërmel et Josselin, s'étendait la
lande célèbre du *Combat des Trente*. Ce fait d'armes
héroïque influença-t-il la jeune imagination d'Alphonse ? Il ne rêvait que batailles et combats sin-
guliers ! Son plus grand bonheur était de jouer à la
guerre : une vieille diligence, échouée dans un coin
des Halles, lui servait de forteresse ; il en organi-
sait la défense contre ses petits camarades, aidé de
Frédéric, son frère, d'un an plus âgé que lui.

Le souvenir aussi des luttes civiles, encore tout
brûlant dans le pays breton, donnait lieu fréquem-
ment à des escarmouches entre les enfants : ils se
divisaient en deux partis, nommant des juges de
camps, puis on se portait un défi, on provoquait un
adversaire et, corps à corps, le combat s'engageait
avec une furia toute française.

Un jour que Frédéric faiblissait sous l'étreinte d'un
ennemi plus fort, le petit Alphonse, haletant d'émo-

tion, lui cria : « Courage, mon frère, ou l'honneur des
« Guérin est perdu ! »

Mais ces hauts faits n'avançaient guère l'éducation,
et si l'enfant était fort et vigoureux, il rapportait à sa
mère plus de coups de férule que de bonnes notes,
car son professeur, un parent désintéressé, mais de
la vieille école, se servait même d'un fouet dont il
le cinglait cruellement et souvent. Vif, entreprenant,
riant toujours, Alphonse ne se plaisait qu'au jeu. On
s'amusait parfois à lui promettre un gâteau s'il restait
un quart d'heure tranquille et sans rire : il ne le gagnait jamais.

L'adversité se chargea de le transformer. Il avait à
peine six ans lorsque M. Guérin, officier ministériel
près le tribunal de Ploërmel, mourut à trente-sept
ans, après une longue maladie. Il laissait sa jeune
veuve presque sans ressources avec deux enfants de
six et sept ans. C'était une noble et vaillante femme :
elle accepta sans faiblir la rude tâche d'élever seule
ses deux fils, ne voulant recourir à personne, bien
qu'elle fût apparentée aux meilleures familles de Bretagne. Elle se mit à broder et à coudre pour les
nourrir d'abord, pour les instruire ensuite. Malheureusement Alphonse restait très médiocre écolier, se
reposant sur les succès de Frédéric pour soutenir
l'honneur des Guérin. On lui demandait un jour s'il
avait eu des prix à la distribution du collège. « Non,
répondit-il, mais mon frère en a eu. » Cela lui paraissait suffisant. C'est à ce moment qu'un de ses oncles

maternels, M. Hippolyte Orieulx de la Porte, le prit à part et lui montra qu'il fallait enfin se mettre au travail et devenir laborieux pour aider sa mère. L'enfant l'aimait passionnément sa mère, il avait, il eut toujours pour elle un véritable culte : la corde la plus sensible avait vibré. Il comprit et, dès ce jour, sa résolution fut prise. Il demanda seulement à être mis à meilleure école, afin de mieux apprendre. Son désir fut jugé bon et toute la famille abandonnant, non sans regret, le cher Ploërmel (dont le collège ne permettait pas de continuer les études au delà de la seconde), partit gaiement à pied pour Vannes, suivie de la voiture chargée des bagages.

Le collège de Vannes, fondé en 1328, dirigé autrefois par les Pères Jésuites et ayant compté au XVIII⁰ siècle jusqu'à douze cents élèves, jouissait d'une grande réputation en Bretagne. Les deux Guérin devaient y ajouter encore. Ils y trouvèrent Jules Simon que l'on avait surnommé *le pieux*, et qui fut leur ami pendant soixante-cinq ans. Alphonse avait tenu ses résolutions, puisqu'au bout de peu de temps le Recteur demandait pour lui, son frère, Jules Simon et deux autres de leurs condisciples, l'exemption de la rétribution universitaire comme étant remarquables par leurs succès et leur conduite. Ils commençaient ainsi à aider leur mère.

Aux vacances, on revenait aux landes de Ploërmel, au milieu des nombreux parents, des amis d'enfance; au Bois de la Roche, avec sa vieille demeure patri-

moniale, où le dimanche, quand toute la bande des
cousins arrivait un peu en retard à la grand'messe,
le curé s'écriait de la chaire :

« Egaillez-vous, les filles, voilà les messieurs du
» Bois de la Roche, voyez comme ils sont acha-
» lés ! (1). »

On se rendait au château du Fresne, où la baronne
de Pommereul aimait à recevoir son amie d'enfance,
Mme Guérin ; elle avait une fille, Anaïs, du même âge
qu'Alphonse, charmante et bonne, qui partageait les
jeux des jeunes Guérin.

En devenant studieux, Alphonse n'avait pas écarté
de sa pensée les goûts batailleurs de son enfance :
il voulait être soldat ou marin. A quinze ans, il partit
pour Lorient afin de se préparer à l'Ecole navale ;
seulement admissible au bout de six mois, il fallait
recommencer une année d'études pour se présenter
de nouveau au concours, ou se tourner du côté de
l'Ecole polytechnique. C'étaient des années d'attente
et de labeur non seulement pour lui, mais pour sa
mère courageuse, ardente et joyeuse dans son dévouement et prête à tous les sacrifices pour l'avenir
de ses fils.

Son oncle Hippolyte intervint encore. Une de leurs
cousines germaines, Mme O'Neill (2), religieuse de la

---

(1) « Ecartez-vous, les filles, voyez comme ils sont essoufflés. »
En Bretagne, le prône se fait avant la grand'messe. Les hommes
sont en haut de l'église, les femmes en bas.

(2) Elle était tante du général et du contre-amiral O'Neill.

Sagesse à l'hôpital civil et militaire de Bourbon-Vendée, où elle tenait la pharmacie, proposait une place d'interne pour étudier la médecine. Alphonse n'avait jamais pensé à cette carrière, mais son oncle lui fit comprendre que, bien plus vite que l'état militaire, elle le mettrait à même d'aider sa mère et de la décharger de l'éducation de ses enfants. Quelque douloureuse que pût être la lutte contre ses rêves, ses aspirations si légitimes, Alphonse Guérin aimait trop sa mère pour résister : il céda et l'amour filial le donna à la chirurgie française, dont il devait être l'honneur et la gloire. Malgré cela, le ressouvenir de sa vocation première lui demeura toujours, et pendant la guerre de 1870 il disait à un ami :

« J'ai cinquante-quatre ans, à cet âge on est géné-
» ral, et si je l'étais, je suis Breton, persévérant et
» tenace, je l'aurais tant désiré, tant voulu que je l'au-
» rais peut-être gagnée, la bataille ! »

M. le docteur Reclus, qui nous rapporte cette phrase, ajoute : « Après tout, pourquoi pas? N'en gagnait-il pas une à ce même moment, et contre l'infection purulente, ce terrible ennemi qui avait défié les plus grands de notre profession? »

Alphonse partit donc pour Bourbon-Vendée. Il aimait à raconter comment son excellente cousine avait, le jour même de son arrivée, commencé ses leçons.

« Il te faut, lui dit-elle, savoir ton métier. Prends
» cette lancette et saigne-moi. »

Elle tend son bras droit. Alphonse pique au pli du coude d'une main tremblante et sans résultat.

— « Ça, c'est une saignée blanche. Recommence. » Cette fois, il ouvre la veine.

— « C'est bien.... Mais la saignée est plus difficile » du côté gauche. » Et elle lui présente l'autre bras.

« Je ne voulais pas, racontait le docteur Guérin, mais elle avait trente-cinq ans, moi, dix-sept; elle avait autorité sur moi, il fallut obéir. »

Le sang jaillit une seconde fois et la bonne religieuse, bandant ses bras : « Va! tu sais ton métier, tu » peux saigner un soldat! »

A la première opération à laquelle il assista, le futur grand chirurgien, voyant couper une jambe, se trouva mal. Quelques jours plus tard, il soignait dix malades, et le médecin en chef, dont il avait rapidement conquis la confiance, lui répétait sans cesse :

« Vous irez loin, jeune homme! »

A défaut de vocation proprement dite, Alphonse Guérin avait la religion du devoir, l'amour du travail, une volonté persévérante, qualités essentielles qui peuvent tenir lieu de vocation au début et qui, tôt ou tard, produisent des fruits merveilleux. Il devait y puiser le feu sacré et s'attacher passionnément à cette profession « si noble, disait-il, quand elle n'est pas cupide ».

C'est à cette époque que se place une aventure de jeunesse qui peint bien son caractère vif, mais loyal. Revenu de Bourbon-Vendée pour les vacances, Alphonse, alors âgé de dix-huit ans, se promenait un soir avec son frère et quelques amis sur la place des Lices, à Vannes, lorsqu'ils virent apparaître un personnage d'allure si étrange et fanfaronne qu'ils éclatèrent de rire comme de jeunes fous. L'inconnu, s'en étant aperçu, s'approcha du groupe des rieurs et leur demanda d'un air arrogant la cause de leur hilarité. On lui répondit qu'on riait de ce qui était risible et qu'on n'avait pas d'autre explication à lui fournir. Il insista d'une façon si insolente qu'Alphonse Guérin, ne pouvant contenir son irritation, lui lança tout à coup un vigoureux coup de poing qui l'étendit sur le pavé. Bien vite relevé, l'individu déclara qu'il se vengerait de la violence et de l'offense qu'il venait de subir et il en demanda raison à son adversaire. Il fut convenu qu'on se battrait en duel le lendemain. L'inconnu ayant laissé le choix des armes au jeune Guérin, celui-ci choisit le sabre, qui fut accepté.

Le lendemain, à l'heure et au lieu désignés la veille, Alphonse arriva avec ses deux témoins; l'inconnu n'en avait qu'un, caporal au régiment vannetais. Interrogé sur celui auquel il prêtait son concours, le caporal répondit :

« Monsieur (il le nomma) a servi honorablement » dans mon régiment; il habite Lorient et est *cordonnier* de son état. »

A ces mots, les témoins d'Alphonse Guérin se regardèrent en faisant la moue, mais lui, les calmant du geste :

« L'état, dit-il, ne fait rien à la chose et puisque
» Monsieur est cordonnier, c'est le cas de lui porter
» des *bottes*. Donnez-nous des sabres. »

Le Lorientais déclara alors qu'il voulait se battre
au pistolet.

— « Vous m'avez offert le choix des armes, fit ob-
» server Guérin, et vous avez accepté le sabre ; vous
» manquez à votre parole. Qu'à cela ne tienne ! Qu'on
» charge les pistolets. »

Ce préliminaire terminé, on mesura vingt-cinq pas
et une pièce de cinq francs fut jetée en l'air pour
savoir qui tirerait le premier. Le sort favorisa Alphonse Guérin, mais son adversaire prétendit que la
pièce était tombée sur tranche et qu'il y avait lieu de
recommencer.

— « Quoique le fait soit inexact, recommençons »,
dit Alphonse.

— « Oh ! non », s'écria le caporal, se joignant à la
protestation des deux autres témoins. « Monsieur est
» loyal et je ne souffrirai pas qu'on manque de loyauté
» envers lui. »

Les deux adversaires prirent enfin leur poste de
combat. Au moment où Alphonse Guérin s'apprêtait à
viser son antagoniste, il le vit se pencher vers son
témoin.

— « Arrêtez, cria celui-ci, mon ami me déclare
» qu'il ne vous en veut pas et vous demande d'en
» rester là. »

— « Alors ce n'était pas la peine de nous déranger,

» répondit le jeune homme. Monsieur a reçu une cor-
» rection méritée, s'il se tient pour satisfait, je n'ai
» pas à le contredire. *Pax nobiscum !* »

— « Monsieur, dit le cordonnier, en se rapprochant
» de lui, d'un air piteux, je pars ce soir pour Lorient
» et je n'ai pas d'argent pour mon voyage; vous
» seriez bien aimable si vous vouliez me donner cinq
» francs. »

Alphonse Guérin lui remit aussitôt la pièce de-
mandée et tout le monde s'en fut content.

Très habile à l'escrime, qu'il cultiva toute sa vie
comme un exercice salutaire, Alphonse devint « une
fine lame », qui avait vite fait de provoquer ses
adversaires; cependant, malgré cette fougue, qui
tenait au fond de sa nature, nous croyons bien que,
pas une fois, il n'alla jusqu'à la fin d'un duel pour son
compte personnel.

Tous ses plaisirs de vacances n'avaient pas une
allure aussi tragique, car il s'entendait merveilleu-
sement à jouer la comédie, il en donna la preuve au
château du Fresne.

La famille de Pommereul aimait beaucoup Alphonse
Guérin, aussi faisait-il de fréquentes visites au château, quand il séjournait chez un de ses oncles, au
Bois de la Roche. Un jour, voulant amuser ses amis,
il paria de déjeuner chez eux sans être reconnu des
hôtes — neveu et nièces des Pommereul — qu'ils
avaient à ce moment.

Donc un matin, il se revêt d'un costume complet

de paysan, se ternit légèrement le visage et les mains,
se fait quelques rides, puis armé d'un fouet, il part
du Bois de la Roche et arrive au Fresne, où il est
aimablement reçu par les châtelains.

— « J'ai ouï *prêcher*, leur dit-il, que vs'aviez chez
» vous un fameux avocat de Rennes, j'désirerais ben
» lui demander une consultation. »

— « Rien de plus facile, mon Pierre », répond
Mme de Pommereul, et elle le conduit à son neveu,
qui était, en effet, avocat et docteur en droit.

— « J'ai à vous demander un conseil, m'sieu l'avo-
» cat — dit le faux paysan, — v'là mon affaire. »

Il lui explique alors qu'il voulait se marier avec une
fille de sa commune, mais qu'une autre fille prétendait qu'il lui avait fait une promesse de mariage et
le menaçait d'un procès. Il embrouilla si bien son
récit que le pauvre avocat n'y comprenait rien.

— « Est-ce de Mathurine que vous parlez ? » deman-
dait-il.

— « Mais non, répondait Pierre, c'est de Perrine.
» Vs'avez don l'oreille dure, si c'est ça, j'vas prêcher
» pus haut », et il embrouilla de plus belle son histoire
fantaisiste.

Le jeune avocat en perdait la tête.

— « I m'ont dit, ajoutait Pierre, que vs'étiez doc-
» teur, c'est p't'être docteur en médecine, dans ce
» cas-là, vs'seriez ben aimable de m'donner une con-
» sultation pour mes *rhumatisses ?* »

— « Ah ! pour ça non, mon brave ! » s'écria son

interlocuteur, et il s'empressa de se sauver. Il rencontra sa cousine qui lui annonça que Mme de Pommereul allait faire déjeuner avec lui le paysan qui venait de tant l'ennuyer. C'était, expliquait-elle, un fermier aisé, maire de sa commune, on ne pouvait le laisser manger à la cuisine. Chacun se récria contre cette malencontreuse visite.

La cloche du déjeuner sonna et tout le monde s'empressa d'accourir. Pierre se plaça à une distance respectueuse de la table, prit son couteau dans sa poche et fit tomber en le retirant son chapelet et un morceau de galette.

— « J'ai mon *coutet*, dit-il, il ne m'en faut point » d'autre », et il s'en servit en guise de fourchette, puis, à la fin du repas, pour se nettoyer les dents. Pendant tout le déjeuner, il causa gaiement et avec un malicieux bon sens, faisant rire aux larmes la famille de Pommereul qui était dans le secret. Au dessert, la maîtresse de maison lui demanda de chanter et il chanta à tue-tête la chanson des *gars de Campénéac*.

Bien que familier de tous ceux qui étaient présents, il n'avait pas été reconnu et son pari était gagné. Ce fut alors que Mme de Pommereul, s'adressant à une de ses nièces, lui dit :

— « Tu ne trouves pas que Pierre ressemble un peu » à Monsieur Alphonse Guérin ? »

— « Tiens, c'est vrai ! » répondit celle-ci.

— « Eh bien ! c'est mieux qu'une ressemblance,

» c'est lui-même et tu conviendras qu'il a bien joué
» son rôle. »

M. de Pommereul était ravi.

— « Vous avez manqué votre vocation, disait-il à
» l'étudiant en médecine, vous étiez fait pour le
» théâtre. Vous y auriez été au moins l'égal de Potier
» et de Vernet. »

CHAPITRE II

Etudiant à Paris. — Le sourd-muet. — Interne et Docteur.

Bourbon-Vendée ne fut qu'une étape pour Alphonse. Sa cousine O'Neill tomba malade, elle devait mourir bien jeune, à trente-sept ans. Il saisit cette circonstance pour demander à se rendre à Paris. Sa mère y consentit.

Comme il était déjà bachelier, il put entrer immédiatement à la Faculté de médecine et se mit au travail avec une véritable ardeur, commençant la dure vie qu'il devait mener bien des années. C'est alors qu'il connut Hégésippe Moreau ; il se lia d'une intime amitié avec le jeune poëte, dont il pressentit la renommée et qu'il fit, après avoir constaté son état phtisique, entrer à l'hôpital de la Charité, où il mourut.

« Quand je lis l'histoire d'un homme qui a brillé dans les sciences, dans les lettres ou dans les arts, rien ne m'intéresse autant que l'époque où, loin de sa famille, il a dû souffrir de la faim et du froid. Au point de vue psychologique, c'est une étude d'un grand intérêt. Parmi ceux qui ont souffert, il y en a quelques-uns qui, exagérant leurs souffrances, cherchent à monter en apitoyant et en tendant la main. Ils deviennent rarement l'honneur du corps qui les recueille; d'autres, et c'est le plus grand nombre, disons-le bien haut à l'honneur de la pauvreté, entrent dans l'arène sans se préoccuper des difficultés, et mettent bien au-dessus des douleurs du corps et des joies de la richesse, la célébrité et la gloire qu'il est si doux de rêver quand on est jeune (1). »

C'est lui qui parle dans ces lignes et l'on sent bien de quel côté il se trouvait : il ne chercha jamais à apitoyer, mais il aimait, plus tard, à encourager les jeunes gens qui venaient lui demander aide et conseil, en leur racontant les débuts laborieux de sa vie parisienne.

« Il passait ses matinées à l'hôpital, déjeunait à peine, puis gagnait l'amphithéâtre et n'interrompait la dissection que pour assister à quelques cours. Le soir, dans sa chambre ou à la bibliothèque, il rédigeait les notes prises aux leçons, ou se plongeait dans des livres d'anatomie et de pathologie. Chaque semaine, le samedi soir, il allait chez des amis à la campagne et n'en revenait que le lundi matin. Mais il emportait avec lui quelque débris dérobé à l'amphithéâtre

____

(1) Éloge de Vidal, par Alph. Guérin, 1859.

et l'étudiait à la grande indignation de ses hôtes :
« Traiter ainsi de la chair de chrétien ! (1) »

Il conquit bientôt son titre d'*externe* et c'est à cette
date qu'il assista à la dramatique scène qu'il a racon-
tée dans son éloge du docteur Trélat, pour montrer ce
qu'était une opération avant la chloroformisation.

« Le plus émouvant souvenir qui soit resté dans ma
mémoire remonte à une époque très éloignée, puisque
j'étais alors externe à l'hôpital Saint-Louis.

» Par un froid exceptionnel, un malheureux sourd-
muet, s'étant endormi dans un faubourg, eut les deux
jambes gelées. Quand il fut apporté à l'hôpital, le chirurgien, ayant reconnu que les deux membres étaient
frappés de mort, résolut de procéder immédiatement
à l'opération.

» Le malade fut porté sur la table où il allait être
opéré, sans qu'on lui eût fait comprendre qu'il allait
souffrir. En se voyant entouré d'hommes sérieux qui
le saisirent pour l'immobiliser, il parut redouter de
mauvais desseins. Sa figure exprimait la surprise et
la crainte.

» Après une nuit de souffrance sur la terre glacée,
il avait senti un si grand bien-être quand il s'était
trouvé dans un bon lit, avec des draps blancs, où,
peu à peu, il s'était réchauffé, qu'il ne comprenait pas
pourquoi on ne l'y avait pas laissé.

» Ses quatre membres ayant été saisis vigoureuse-

(1) Dr P. Reclus, discours.

ment par les aides, il chercha à se débarrasser de ces hommes qui paraissaient en vouloir à sa vie. Ce fut bien autre chose quand le chirurgien, ayant pris son grand couteau, commença l'opération.

» Ce fut alors une lutte terrible entre les dix élèves et le pauvre sourd-muet qui ne comprenait qu'une chose : il avait cessé de souffrir avant d'être apporté sur cette table, et, maintenant, aux mains d'une troupe de scélérats, il endurait de cruelles douleurs.

» Vainement il s'efforçait de se débarrasser de ses ennemis. Sa face rougie, ses yeux sortants de leurs orbites, une espèce de rugissement indiquaient ses souffrances.

» Le chirurgien était un habile opérateur; l'amputation ayant été exécutée promptement, le pauvre malade crut un instant qu'on allait le reporter dans la salle où il retrouverait son lit; on ne le tenait plus, il était presque libre, il respirait largement, comme on respire après une lutte dans laquelle on a mis toutes ses forces. Il paraissait espérer, mais les figures sérieuses du chirurgien et de ses aides ne devaient pas le rassurer complètement.

» On n'avait amputé qu'une jambe; il fallait que l'autre eût le même sort, c'est du moins ce qui fut décidé. Je ne discute pas l'opportunité de ces opérations, je me contente de résumer ce qu'à l'hôpital on appelle une observation.

» Les aides s'emparèrent de nouveau du malade, en lui tenant la tête, les membres et en pressant sur

son thorax pour l'empêcher de se soustraire à l'opérateur. Les rugissements du pauvre sourd-muet exprimaient la douleur et le désespoir à un point tel que
les cœurs les plus endurcis ne pouvaient se défendre
d'une profonde pitié.

« Pourquoi lui faire tant de mal, devait-il penser ! Il
ne nous connaissait pas, et nous lui faisions endurer
des douleurs cent fois pires que celles qu'il avait res-
senties sur la terre glacée.

» Si l'opération avait été pratiquée lentement, le
malade serait mort sur place. Grâce à la dextérité du
chirurgien, il vécut encore quelques jours.

» Toutes les interventions chirurgicales n'étaient
pas aussi dramatiques, mais, à part quelques malades
stoïques, tous les opérés enduraient des souffrances
qu'ils exprimaient par des plaintes.

» Il n'en est plus ainsi. Des opérations peuvent
durer plusieurs heures sans que les malades ressen-
tent la moindre douleur. »

En 1840, Alphonse Guérin fut nommé *Interne* des
hôpitaux. C'est à ce titre, qu'aidant un jour le chirurgien Jobert de Lamballe dans une opération grave,
celui-ci — sans raison — apostropha durement son
interne. Fier et peu endurant, Alphonse Guérin jette
son tablier aux pieds de son maître : « Voici ma dé-
» mission, dit-il, et maintenant je suis libre et je vous
» demande raison de l'injure que vous venez de me
» faire. »

— « S.... Breton ! mauvaise tête ! s'écria Jobert, il
» ne sait donc pas que je l'aime ! Puisque le mot que
» je viens de prononcer vous blesse, effaçons-le et
» venez, ce soir, dîner avec moi. » Trente ans plus
tard, une scène analogue se passait à l'hôpital Saint-
Louis, mais cette fois Guérin était le chef, et c'est à
lui qu'on rendit le tablier. Le dénouement fut le même
d'ailleurs et maître et élèves firent la paix (1). »

En 1842, Alphonse Guérin était *lauréat* des hôpitaux et remportait le premier prix de l'Internat. En
1843, il obtenait au concours la place d'aide d'anatomie de l'amphithéâtre des hôpitaux ; il avait vingt-
sept ans et commençait avec grand succès un cours
de chirurgie opératoire à l'Ecole pratique. A trente-
trois ans, il était prosecteur à la Faculté.

Du moment où il fut interne, le problème de la vie
matérielle fut résolu pour lui : il ajoutait aux modestes
appointements de l'Assistance publique des leçons
à des élèves particuliers. Maintenant son admirable
mère n'avait plus à travailler pour ses fils. Alphonse
et Frédéric (qui s'était consacré à la magistrature
et devait devenir premier président et conseiller
à la Cour de Cassation) étaient ses soutiens à leur
tour et pouvaient dans la joie profonde de leur amour
filial, l'entourer de bien-être et de repos.

Le 30 janvier 1847, Alphonse Guérin était reçu
docteur. Dans sa thèse inaugurale sur *la Fièvre puru-*

(1) Dr P. Reclus, discours.

lente, il avait déjà l'intuition de la découverte géniale
qui devait un jour le placer parmi les bienfaiteurs
de l'humanité ! « Mais, dit-il, dans un de ses ouvrages,
je dois reconnaître que les maîtres de cette époque
parurent se soucier fort peu d'une opinion qui était
en complet désaccord avec celles qu'ils avaient adop-
tées depuis longtemps.... J'exposai mes idées dans
ma thèse que je dus faire en quelques jours, parce
que je la subis à la veille d'un concours d'agrégation
auquel je tenais à prendre part. Je ne pus consacrer
à ce travail beaucoup trop succinct qu'une trentaine
de pages. »

En effet, le 5 avril 1847, s'ouvrait le concours pour
l'agrégation ; malgré une leçon où « il parle de l'école
grecque, de l'école arabe, de l'école moderne, cite
Aristote et Platon d'après Malgaigne (1) », une thèse
et une argumentation remarquables (2), Alphonse
Guérin fut écarté. Il ne voulut pas tenter un second concours et se tourna du côté du bureau
central des hôpitaux, où il fut admis en 1850, malgré
une redoutable concurrence, par cinq voix contre
quatre.

« C'est le tournant de la carrière, celui où se pose
le menaçant problème : être ou n'être pas.... c'est la
position la plus enviable, celle qui nous met à même

(1) *Gazette des Hôpitaux*, 1847.
(2) *De l'influence de la pesanteur sur le développement et le
traitement des maladies chirurgicales.* Thèse d'agrégation, par
Alph. Guérin, 1847.

de montrer si vraiment nous avons l'étoffe d'un
maître (1). »

Voici comment le docteur Guérin, parlant de son
collègue Trélat, l'appréciait lui-même :

« Quand dans la carrière des concours, l'on a
atteint ce but à l'âge de trente-deux ans, on n'a pas
le droit de se plaindre de la fortune. Après douze ou
quinze ans de luttes toujours inquiétantes, l'esprit
trouve le calme chèrement acheté; après les prépa-
rations d'épreuves toujours aléatoires, le jeune chirurgien peut enfin donner à ses études la direction
conforme à ses goûts; il est libre et indépendant. Il
n'aura plus à s'incliner aveuglément devant des opinions douteuses ou erronées de maîtres qui devront
le juger. Jusque-là, il avait dû tenir compte de tous
les travaux anciens et modernes, les analyser, les
commenter, consumant sa vie dans ce travail de béné-
dictin.

» Maintenant, il va travailler à sa guise, il va faire
de la science comme il l'entend, tandis que, auparavant, il avait été condamné à un travail d'écolier.

» Marcher seul, juger dans toute son indépendance,
chercher des vérités nouvelles, découvrir des procédés opératoires pour avoir de meilleurs résultats
et pour épargner des souffrances, c'est pour un jeune
savant le bonheur d'un prisonnier qui vient de re-
couvrer la liberté.

(1) Dr P. Reclus, discours.

» Le plus beau jour de la carrière d'un médecin est celui où il est nommé au bureau central des hôpitaux ; il est d'autant plus beau que, avant de le voir luire, il est bien rare que l'on n'ait pas éprouvé des mécomptes douloureux et décourageants (1). »

Le docteur Guérin écrivait à cette époque :

« Pour moi je suis à huit heures tous les matins à » l'hôpital de la Pitié, où je fais des yeux, des nez » (comme les élèves de M. Gaillard et du père » Jamet), où je coupe et taille et d'où je sors pour » tailler et couper encore, mais sur le mort. A quatre » heures, je rentre chez moi, où, Dieu merci, la » clientèle me laisse reposer en ce moment. Tu vois » que mes vacances ne valent pas les tiennes. » Il est vrai que *j'ai le bonheur* de paraître heureux » aux yeux de ceux qui pensent que l'argent et la » renommée sont les deux choses par excellence. Je » crois qu'un peu de repos vaut bien tout cela (2). »

(1) Alph. Guérin, éloge de Trélat, 1893.
(2) Lettre à son frère, 2 sept. 1851.

CHAPITRE III

Sa femme et sa mère. — Voyage à Rome.
Au Vatican.

Quatre ans après sa nomination au bureau central, en 1854, Alphonse Guérin eut une satisfaction d'un ordre plus intime, mais non moins profonde, en épousant Anaïs de Pommereul. Il l'aimait depuis de longues années, mais à vingt ans, sans fortune, au début d'une carrière encore aléatoire, il était d'une nature trop élevée et trop fière pour oser révéler son amour et il n'avait eu qu'à s'incliner douloureusement devant le mariage de sa jeune amie avec le baron de Moncuit. Celui-ci, beaucoup plus âgé que sa femme, mourut en lui laissant deux fils. La jeune veuve tomba malade et, pour la soigner, on eut recours à l'ami d'enfance dont la réputation grandissante avait été jusqu'en Bretagne.

Il pouvait maintenant laisser parler son cœur : la noblesse et l'élévation de son caractère, sa position déjà brillante, lui permettaient d'offrir, à défaut de titre nobiliaire, une situation supérieure qui devait s'affirmer chaque jour davantage. Il fut accepté et cette union dura trente-cinq années parfaitement heureuses (1). Il trouvait en Mme Guérin une nature éminemment intelligente, active, capable de comprendre la sienne. Les seules ombres étaient la privation d'enfant, mais il fut toujours parfait pour ses beaux-fils (2), et les séparations fréquentes, Mme Guérin ne pouvant, à cause de sa santé, demeurer longtemps à Paris. Pendant ses absences, son mari lui écrivait fidèlement tous les deux jours, malgré les occupations absorbantes qui auraient pu retenir sa plume, et ses lettres charmantes allaient trouver au château du Fresne sa femme et sa mère, ses deux affections les plus chères.

« Ma mère m'a donné de son impatience d'arriver, » écrivait Alphonse à son frère, et si elle marche plus » vite que moi dans la rue, elle n'a pas plus que son » fils le désir instinctif d'employer toutes les forces » dont Dieu nous a doués…. Je me crée sans cesse » des occupations et je fais des *tâches*, comme ma » mère s'en faisait quand elle travaillait à la broderie » qui lui rapportait quelques sous par jour…. Mes tâches » sont longues, durent des années et usent ma vie. »

(1) La famille de Pommereul avait déjà parmi ses membres une illustration médicale : le baron Desgenettes, le grand médecin du premier Empire.

(2) L'un d'eux, le plus jeune, était son *filleul*.

Mme Guérin partageait son existence entre ses deux fils, tous deux mariés, tous deux en passe d'arriver aux plus grands honneurs de leurs fonctions respectives. Elle pouvait s'en réjouir comme de son œuvre personnelle, car le rôle d'une mère dans l'éducation commence au berceau et son impulsion féconde est souvent le début du succès et de la gloire. Ses fils ne l'oublièrent jamais et, quand elle leur fut enlevée, après avoir assez vécu pour jouir de cette gloire, ils la pleurèrent comme s'ils n'avaient jamais dû la perdre. Elle était à Paris, près d'Alphonse, quand elle mourut presque subitement. Après avoir donné à son frère, alors en Corse, les détails de sa mort, celui-ci écrivait :

« Pour moi, je suis inconsolable de ne pas l'avoir » entourée de plus de soins. Je lui donnais toutes mes » soirées, mais j'en consacrais une partie au travail, » j'aurais dû lui donner tous mes instants. Je ne peux » pas me tourner dans la maison sans pleurer, en pen- » sant à elle.

» Pour me conformer à une volonté qu'elle a sou- » vent exprimée, j'emporte son corps à Vannes. Ma » femme toujours si bonne et si dévouée m'accompa- » gne. Nous arriverons demain jeudi, à huit heures du » soir. La cérémonie funèbre aura lieu vendredi ma- » tin, déjà son corps a été enlevé par les pompes fu- » nèbres. Je suis navré, nous ne la verrons plus cette » excellente femme qui n'a vécu que pour nous.

» Elle est morte dans la plénitude de son intelli-

» gence, en pensant à nous et en nous aimant. Quand
» nous étions seuls ensemble le soir, elle se rappro-
» chait de moi et me disait que c'était le meilleur
» moment de la journée.

» Je crois avoir fait pour la rendre heureuse tout ce
» qui dépendait de moi. Elle aimait à parler de mes
» attentions pour elle. Ce souvenir me fait du bien
» dans mon malheur. »

Plusieurs années après, Alphonse, parlant de sa
mère, disait encore :

« J'étais inconsolable de sa mort, quand la pensée
» me vint que Dieu, qui fait toute chose pour notre
» bien, l'avait retirée de ce monde afin qu'elle n'eût
» pas à subir les dernières infirmités de la vieillesse et
» je trouvai dans cette pensée un peu de consolation. »

Alphonse Guérin passa de l'amphithéâtre de Cla-
mart aux hôpitaux de Lourcine (1) et de Cochin, puis
à l'hôpital Saint-Louis, où il fut nommé en 1863. La
même année, il entra à la Société de Chirurgie.

Ce fut pendant les vacances de Pâques de 1863
qu'il fit avec sa femme un voyage à Rome. Son arrivée dans la Ville Éternelle fut signalée par le Nonce
de Paris au Pape Pie IX, très souffrant à cette époque, si malade même que les journaux annonçaient

(1) Une des principales salles de l'hôpital de Lourcine (actuellement hôpital Broca) doit porter le nom d'Alphonse Guérin.
Cette initiative est due en partie à l'éminent chirurgien de cet
hôpital : le docteur Pozzi, un des plus illustres élèves d'Alph.
Guérin.

sa mort prochaine. Le Souverain Pontife désira con-
sulter le chirurgien français. Nous ne pouvons mieux
faire que de transcrire les fragments d'un journal
— malheureusement inachevé — qu'écrivit le docteur
Guérin pendant son séjour à Rome.

— Lundi, 30 mars 1863. — J'étais appelé aujour-
d'hui à midi pour donner une consultation au Pape.

Je me suis rendu au Vatican où je n'ai tout d'abord
trouvé personne qui pût m'indiquer l'escalier que je
devais prendre. J'ai beaucoup regretté de ne pas voir
des portiers comme il y en a aux guichets des Tuileries. Après avoir monté l'escalier qui mène à la
chapelle Sixtine, je me suis adressé à une femme qui
était à la porte de cette chapelle et qui m'a renvoyé
chez Mgr Pacca. De là j'ai été emmené par la cour
intérieure, qui est au niveau du second étage, au bas
d'un escalier au haut duquel j'ai trouvé la grande salle
des Suisses. C'est une immense pièce carrée, haute
d'une dizaine de mètres, dont le plafond est peint à fres-
ques. De là je suis entré dans une autre salle moins
grande à la porte de laquelle était un garde-noble
avec son sabre. J'ai rencontré un prêtre à qui j'ai
remis ma lettre d'audience et qui m'a introduit dans
une chambre éclairée par deux fenêtres en face
desquelles se trouve un meuble qui tient autant du
trône que d'un fauteuil. Devant ce siège, à 2 mètres
de lui environ, sont deux braseros de cuivre dont les
couvercles ont un peu la forme d'un bonnet chinois.

Autour de la chambre sont des sièges (tabourets de bois) assez larges.

Mgr Pacca est venu au-devant de moi, m'a donné la main et m'a invité à m'asseoir.

Un garde-noble gardait la porte de communication avec la pièce précédente et un autre était à la porte opposée. — Un chambellan (*cameriere di capo spada*) se promenait d'une porte à l'autre. Vêtu d'une culotte courte de velours et soie de couleur noire, avec bas de soie et souliers, il avait un justaucorps de même couleur et un petit manteau de cour était attaché en avant au moyen d'une chaîne aux armes du Pape.

Au bout de quelques instants, Mgr Pacca est venu me prier de ne pas m'impatienter parce que le général de Montebello (qui commande nos troupes à Rome) devait être reçu avant moi.

Avant d'entrer dans cette chambre, j'avais été invité à laisser mon chapeau sur un tabouret et à mettre mes gants dans ma poche (l'étiquette voulant que l'on n'ait pas ses gants devant le Pape). Je suis resté dans cette chambre au moins un quart d'heure pendant lequel j'ai vu entrer et sortir deux ou trois fois Mgr Stella qui est, m'a-t-on dit, maître de la garde-robe. Au bout de ce temps, Mgr Pacca m'a fait entrer dans la pièce qui précède celle où le Pape recevait, et m'a présenté à Mgr Lacroix, Français résidant à Rome depuis longtemps, il est chargé de l'expédition des affaires relatives à la France. Dans cette chambre, il y a une cheminée avec du feu. Mgr Lacroix m'a dit que le Pape sortait souvent de sa chambre pour venir se chauffer à *leur* feu, parce qu'on n'en allume pas chez lui.

Un garde-noble, qui doit avoir un grade, car il a des épaulettes à gros grains (les simples gardes ont des épaulettes d'or comme celles des capitaines français) et porte la croix de la Légion d'honneur à côté de celle de Pie IX, était dans cette salle qui, comme la précédente, est garnie de tabourets en bois, placés contre le mur.

Le général de Montebello est arrivé vers une heure, on l'a fait attendre environ un quart d'heure pendant lequel il s'est entretenu avec Mgr Pacca. On l'a introduit au moment où sortaient trois ecclésiastiques dont l'un portait une décoration au milieu de la poitrine. Je n'ai pas eu le temps de bien observer leur costume qui, je crois, était de couleur bleue.

J'ai oublié de mentionner un personnage de grande taille ayant le manteau de cour et un costume semblable à celui du chambellan de la pièce précédente. Âgé d'une cinquantaine d'années, il grisonne; il est très calme, parle peu et son regard est celui d'un homme qui, au lieu d'examiner ce qui se passe autour de lui, est absorbé par ses pensées. On m'a dit que c'est un Écossais qui, de protestant est devenu catholique; il est *cameriere* du Pape, décoré de la croix de commandeur de l'ordre du Christ de Jérusalem; il est resté debout sans s'asseoir pendant plus d'une heure que je l'ai vu.

J'ai passé tout ce temps à causer avec Mgr Lacroix qui, un instant, s'est approché de l'Écossais pour lui dire : « Monsieur le Commandeur, vous ne vous asseyez pas, vos habitudes de la cour vous permettent de rester longtemps debout. » Le duc de Richelieu disait à quelqu'un qui l'interrogeait sur la manière de faire son chemin à la cour : « Dites du bien de tout le » monde ; demandez toutes les places qui deviendront » vacantes et asseyez-vous quand vous pourrez. »

Comme l'Écossais n'a pas sourcillé, Mgr Lacroix a répété comme pour mieux faire apprécier la finesse du conseil : Dites du bien de tout le monde, demandez toutes les places qui deviendront vacantes.... et Mgr Pacca a répété le dernier conseil d'un air un peu étonné.

Mgr Lacroix, en me montrant Rome par les fenêtres, m'a indiqué l'église de la Trinité du Mont, située place d'Espagne. Je lui ai demandé si le Collège de la Propagation de la Foi n'était pas tout près de cette place. Si, m'a-t-il répondu, et il y a des jeunes gens de tous les pays ; un jour de l'année (je ne sais lequel) chacun d'eux doit faire une composition dans la langue de son pays. On y parle peut-être quarante langues. Mgr Lacroix m'a cité un cardinal, mort depuis peu d'années, qui parlait toutes ces langues avec une grande facilité.

Enfin, vers une heure et demie, le général de Montebello est sorti et Mgr Pacca m'a introduit, puis m'a laissé seul avec le Pape.

J'ai fait trois génuflexions suivant le conseil que Mᵍʳ Lacroix m'avait donné et j'ai baisé l'anneau que le Saint-Père m'a présenté.

Le Saint-Père était assis devant un bureau sur lequel étaient des papiers et, devant lui, la liste des personnes reçues; il m'a invité à m'asseoir, ce que j'ai fait avec plaisir, car je m'étais fatigué à faire les cent pas, en attendant la réception.

Le Pape était vêtu de laine blanche et sa tête était découverte. Comme j'étais placé en face de lui, je pouvais l'observer tout à mon aise. De temps en temps, il a un peu, mais excessivement peu de strabisme; sa figure est calme et douce; il a une figure fine et pourtant ouverte et franche.

Il a commencé par me parler de la position du Chef de la chrétienté.

« Voilà, m'a-t-il dit, dix-sept ans que je suis ici; j'ai eu bien des causes de chagrin, mais aussi bien des sujets de joie : on revient plus que jamais à la foi, j'ai vu des protestants se faire catholiques et le docteur Guérin veut bien s'intéresser à ma santé. »

Pendant qu'il me parlait de ce qu'il avait eu à souffrir, je voyais bien qu'il attendait que je lui parlasse de l'Empereur et, peut-être, du général qui sortait, mais je n'étais pas venu pour faire de la politique et je ne savais comment nous arriverions à parler de sa santé : il entra en matière d'une manière très aimable pour moi, puisqu'il voulait bien dire que l'in-

térêt que je prenais à sa santé était un sujet de consolation pour lui.

Après avoir dit à Sa Sainteté que je serais heureux
de lui donner une complète guérison, je lui ai demandé de vouloir bien me montrer le siège de son
mal. Le Pape s'est alors levé et étendant la jambe
gauche sur un tabouret voisin, il a déboutonné un
cordon qui fixait sa culotte au genou et avec mon
aide, il a baissé son bas de soie. J'ai vu alors une
jambe œdématiée, rouge, résistante à la pression (la
jambe d'un homme qui a des varices et qui est me-
nacé d'ulcères), la peau est tendue, le tissu cellulaire
sous-jacent est infiltré et dur.

On a appliqué au-dessus du mollet un cautère
autour duquel s'est développé de l'eczéma qui existait
depuis longtemps au bas de la jambe. J'ai expliqué
au Saint-Père qu'un cautère à la jambe qui est le siège
de la maladie ne peut qu'entretenir la maladie parce
que c'est comme une épine enfoncée dans la peau,
et puis parce que le lac qui maintient le pansement
étrangle la jambe et gêne la circulation. Je lui ai
expliqué comment des varices peuvent troubler le
cours du sang et il a parfaitement compris l'explication. C'est, a-t-il dit, comme une rivière dont un des
bras serait barré. Je lui ai prescrit un bas élastique
exerçant une compression douce et régulière. Je
comprends, a-t-il dit encore, mais c'est tout un chan-
gement de système et il faudrait en prévenir le docteur Viale (son médecin, frère du cardinal Viale).

Je crois, ai-je répliqué, la chose très convenable et très utile ; trois médecins ont bien de la peine à s'entendre, mais il n'est pas impossible que deux tombent d'accord. Je serais très malheureux si Sa Sainteté repoussait le traitement que je lui conseille, car c'est le seul qui lui convienne.

Eh bien, m'a-t-il répondu, nous verrons. On parlera à Viale qui est un bon garçon. Cela pourra, j'espère, s'arranger.

J'avais causé très longtemps avec le Saint-Père, je n'ai rien ajouté, il m'a tendu son anneau que j'ai baisé et je me suis retiré.

Mgr Pacca et Mgr Stella sont entrés au moment où je sortais. Les personnes que j'avais vues dans les anti-chambres avant d'entrer n'avaient pas paru faire grand cas de moi, elles s'inclinèrent jusqu'à terre quand je sortis. Mgr Lacroix lui-même me salua de la manière la plus révérencieuse. Mon audience avait été aussi longue que celle du général de Montebello !

— *34, mardi.* — J'allai voir Mgr Pacca pour savoir les résolutions du Saint-Père.

« J'allais vous écrire », me dit-il, du plus loin qu'il m'aperçut, et me tendant un papier sur lequel il avait écrit : Docteur Viale, Piazza S. Pantaleo, 49, « voici, ajouta-t-il, l'adresse du médecin ordinaire du Saint-Père, il sait ce qui s'est passé et désire vivement vous voir ».

Je me rendis chez le docteur Viale, qui habite un appartement assez mesquin, mais dont les murs sont

couverts de tableaux que l'on trouverait beaux à Paris
et qui sont plus qu'ordinaires à Rome. Je soupçonne
mon confrère de ne pas être grand connaisseur, malgré le grand nombre d'objets d'art dont il est entouré,
car j'ai remarqué qu'il y a des tableaux placés à
contresens, de telle sorte que l'ombre est tournée du
côté du jour.

M. Viale est un homme de petite taille, âgé de
soixante-cinq à soixante-dix ans, bien portant et
ayant avec de la bonhommie l'air d'un Italien des plus
rusés. Je lui ai expliqué ce que j'avais vu et je lui ai
dit mon opinion. A peine avais-je fini qu'il s'est empressé de condamner ce qui a été fait jusqu'à ce
jour.

J'ai toujours pensé, m'a-t-il dit, que le cautère eût
été mieux placé à la cuisse qu'à la jambe et je connais
les bas élastiques en caoutchouc, c'est très bon ; nous
dirons cela au Saint-Père.

Il a si bien répété ce que je venais de lui exposer
que je me demandais s'il n'avait pas eu le premier
cette idée. Il m'a proposé de s'entendre avec
Mᵍʳ Pacca pour que nous puissions voir ensuite le
Saint-Père et lui exprimer *notre* opinion.

Je suis très heureux, cher confrère, lui ai-je dit, que
nous soyons du même avis sans nous être entendus.
Le Saint-Père après cela ne pourra pas avoir d'hésitation.

J'ai pris congé de lui, il m'a reconduit jusqu'à la
porte qu'il m'a ouverte après avoir, en vain, appelé à

deux reprises une vieille domestique qui parait là comme chez elle.

(Les offices de la Semaine Sainte empêchèrent sans doute le Souverain Pontife de revoir plus tôt ses médecins, ce ne fut que le mardi de Pâques qu'ils furent convoqués.)

— *Mardi, 7 avril.* — Mgr Pacca m'ayant écrit pour m'engager à me trouver dans l'antichambre du Saint-Père un peu avant neuf heures, je m'y suis rendu à neuf heures moins cinq minutes.

J'ai été introduit dans une petite chambre carrée, autour de laquelle étaient comme dans presque toutes les pièces habitées par le Pape, des bancs en bois sur lesquels sont écrits ces mots : *PIVS IX, pont. max.*

Le docteur Viale est arrivé quelques minutes après. Avant son arrivée, je m'étais trouvé en tête à tête avec un homme de quarante à cinquante ans, bien constitué et ayant la figure d'un bonhomme. Il préparait des feuilles, dont il aplatissait les nervures pour mettre sur la jambe du Saint-Père. Comme il était vêtu d'une soutane, je le pris d'abord pour un Monsignor; pour m'en assurer je lui dis en mauvais italien (il ne sait pas le français) qu'il me paraissait être le second médecin de Sa Sainteté. Ne comprenant pas que je plaisantais, il me répondit qu'il était le *cameriere* (valet de chambre).

Le Pape était en conférence avec le secrétaire général du cardinal Antonelli, celui-ci n'ayant pas pu venir en personne. Quand il est sorti, nous avons été introduits dans le salon où le Saint-Père m'avait, je crois, reçu la première fois.

C'est une pièce très simple, dans laquelle il y a pourtant un canapé et des fauteuils. Le Pape était debout quand nous sommes entrés; il nous a accueillis avec beaucoup d'aménité. Après nous avoir donné son anneau à baiser, il m'a dit : « Voyez comme le soleil est beau en Italie ! Il y a même ici des hommes qui l'ont dans la tête. »

« Nous disons, en France, ai-je répliqué, que ces hommes-là subissent plus l'influence de la lune que celle du soleil. »

Le Saint-Père a ri et nous avons commencé à parler de sa maladie. Je l'ai prié de s'asseoir dans un fauteuil et d'allonger sa jambe sur un tabouret. Le valet de chambre, qui nous avait suivis, apporta aussitôt un tabouret rembourré et recouvert d'une espèce de moquette.

J'ai oublié de dire que le Pape nous avait invités à prendre des fauteuils à notre entrée et qu'il m'avait fait asseoir près de lui. Nous nous sommes levés et notre auguste malade s'est placé comme je le désirais. Avant qu'il défît la boucle qui fixe sa culotte au-dessous du genou, j'ai fait remarquer à M. Viale que la *patte* qui sert à cette attache était beaucoup trop serrée, et quand la culotte a été relevée, nous avons reconnu que le lien avait imprimé assez profondément sa trace sur la peau.

Le bas ayant été tiré, nous avons constaté que le

cautère est maintenant presque au milieu du mollet.
Le lien élastique qui maintient le pansement est tellement serré, que la jambe est comme étranglée. Au
bout de cinq minutes, il existe encore en ce point
une dépression profonde. La plaie du cautère est
saignante et entourée d'une rougeur vive dans la
largeur de la paume de la main. Le Saint-Père, y
ressentant une vive démangeaison, s'est gratté assez
fort. Je l'ai engagé à ne pas faire cela et il a cessé en
riant; puis comme bientôt il a recommencé? « Ah!
Saint-Père, lui ai-je dit, vous retombez dans le
péché! » Il a ri et il s'est excusé en disant que la
démangeaison était trop vive.

Il a mis je ne sais quelle graisse sur la peau enflam-
mée. J'ai blâmé cette pratique et je lui ai expliqué
que toutes les graisses rancissent et deviennent irri-
tantes pour la peau. Je lui ai conseillé de poudrer la
jambe avec de la fécule de pommes de terre.

J'ai ensuite pris la mesure de sa jambe pour com-
mander un bas élastique à M. Bourjeaurd, le seul fa-
bricant de Paris qui sache faire une compression mo-
dérée.

J'aurais aussi voulu la suppression du cautère au
membre inférieur, parce que c'est une cause d'irritation pour la peau voisine qui, à cause des varices, a
une grande disposition à l'eczéma.

Le docteur Viale a soutenu qu'il serait mieux à la
cuisse que partout ailleurs, sans alléguer une raison
plausible. J'ai insisté, mais j'ai trouvé dans mon con-

frère un vieillard obstiné. J'ai dû préférer le cautère à la cuisse à celui de la jambe, tout en répétant que le bras était un siège bien préférable.

Le Saint-Père m'a dit qu'il serait très contrarié d'avoir le cautère au bras, parce qu'il le panserait plus difficilement. « Mais Saint-Père, lui ai-je dit, votre *cameriere* vous panserait, c'est son affaire et vous n'avez pas besoin de toucher au pansement. » Il m'a répondu en riant qu'en Italie, il y a un proverbe qui dit que *lorsqu'on fait soi-même, on fait comme trois.*

Il a été convenu que le cautère serait mis à la cuisse quand le docteur Constantini, qui est le chirurgien du Pape, serait guéri. (Constantini est, à ce qu'il paraît, tourmenté par la goutte.)

Comme nous parlions de la santé du Pape d'une manière générale, il a dit :

— « Ce n'est pas ma jambe seule qui est malade, c'est aussi cette *pauvre* tête. »

— « Voilà — lui ai-je dit — une qualification que nous ne pouvons pas vous permettre. »

— « C'est au physique que je parle », a-t-il répondu en riant.

Il a été convenu que nous reviendrions lorsque j'aurais reçu le bas élastique. Je l'attends pour dimanche, 19 avril. »

Mme Alphonse Guérin était tombée gravement malade pendant son séjour à Rome ; ce fut, sans doute, cette fâcheuse circonstance qui empêcha le docteur

Guérin de continuer son intéressant récit, mais nous savons qu'il vit encore plusieurs fois le Souverain-Pontife. Après le premier pansement du chirurgien français, le Pape s'écria : « Docteur, vous faites des miracles ! » A l'une de ses visites, ayant ausculté l'illustre malade, il lui dit ensuite :

— « Je me garderai bien de dire à mes compatriotes » que ma tête s'est appuyée sur la poitrine de Votre » Sainteté : Je connais mes Bretons, ils me coupe-» raient les oreilles pour s'en faire des reliques. »

Il écrivait à son frère :

— « Je ne sais si je t'ai parlé de l'honneur que j'ai eu » d'être appelé à donner des soins au Pape. Ce serait » bien long à te raconter.... Je crois que le Pape » est content de moi. Ma présence au Vatican a » éveillé bien des jalousies, j'ai eu à lutter, mais j'ai » triomphé des difficultés et des petites jalousies et » j'ai été assez heureux pour convaincre tout le » monde avant de partir. J'ai vu à Rome Mgr de » Mérode qui a été charmant pour moi. Je n'ai vu » qu'une fois le cardinal Antonelli qui a peut-être été » mécontent que je ne lui aie pas fait visite et qui eût » pu me nuire si je n'avais pas promptement réussi. » J'étais devenu un personnage dont on s'occupait. »

A la dernière visite, le bon Pie IX tendant les bras au chirurgien français, qu'il avait pris en réelle affection, lui dit devant tout son entourage :

— « Docteur Guérin, vous êtes le plus grand méde-» cin de la chrétienté ! »

— « Cela me fit bien plaisir », racontait plus tard Alphonse Guérin, et il ajoutait avec son fin sourire :

— « Vous comprenez, j'ai bien été obligé de le croire : » il est infaillible ! » Puis son souvenir se reportant vers sa cousine O'Neill, l'initiatrice de sa carrière : « La sainte femme ! qu'elle eût été heureuse de me » savoir médecin du Pape ! »

Le Souverain-Pontife lui fit don d'un magnifique chapelet en cornaline pour Mme Guérin, et pour lui de précieuses indulgences, dont il était très fier. Mais quand il s'agit de lui remettre les honoraires dûs pour une cure si heureusement terminée, Alphonse Guérin ne voulut rien accepter, se disant trop récompensé en ayant soulagé le Saint-Père. Il refusa également le titre de comte romain que le Pape lui offrait et n'accepta que la décoration de commandeur de l'Ordre de Pie IX.

Ennemi-né de la réclame, il s'abstint soigneusement d'entretenir le public de ces faits, connus seulement de ses intimes ; cependant il eut à protester contre le rôle qu'un journal étranger lui avait prêté.

« Je ne sais, écrit-il à son frère, si *l'Indépendance* » *Belge* t'est tombée sous la main, ou si, y voyant » mon nom, quelqu'un te l'a communiquée. Il y a » quinze jours ou trois semaines, un rédacteur qui » prend le nom de *Pharès* raconta de la façon la » plus inexacte la guérison du Pape en l'attribuant à » un médecin libre-penseur, il me fit dire les plus » grosses injures aux cardinaux.

» Je réclamais dans une lettre qui a été insérée par
» M. de Pène dans le feuilleton de *la France* du 5 ou
» 6 octobre et que *l'Indépendance* publia sans obser-
» vation. Mais dans son dernier feuilleton, M. Pharès
» a commenté ma lettre, en cherchant à me molester.
» Il n'y a pas réussi, car il n'a trouvé rien de plus
» méchant à me dire que de m'accuser d'être un
» catholique fervent. — Si, par hasard, tu peux te
» procurer cette polémique, tu verras que je n'ai pas
» à m'en plaindre. »

En quittant Rome, Mme Guérin, encore très souffrante et obligée de voyager à petites journées, se
trouva avec son mari dans un wagon où d'autres
voyageurs, peu obligeants, ne voulurent pas se prêter
à quelques petites modifications de places pour le
soulagement de la malade. Le docteur ne fit aucune
réplique, mais au bout d'un certain temps, causant à
demi voix avec sa femme, il lui dit d'un ton très na-
turel :

— « Je ne crois vraiment pas que votre maladie soit
» contagieuse. Voyez, depuis le temps que je voyage
» avec vous, je n'ai encore rien attrapé. »

À la station suivante, le compartiment se vida
comme par enchantement et la ruse innocente d'Alphonse leur donna un voyage sans compagnon.

———

3.

CHAPITRE IV

Election à l'Académie. — La guerre. — La Commune.

En 1868, le docteur Alphonse Guérin entra à l'Académie de médecine. Il l'annonce à son frère en ces
termes :

« Il est trois heures et demie, et je suis chez moi
» attendant le résultat du scrutin qui commence à
» l'Académie; dans une demi-heure l'élection sera
» faite et j'espère pouvoir t'annoncer ma nomination
» avant de fermer ma lettre.

» Je n'ai pas revu M. X..., je veux pouvoir lui
» dire ce que je pense de son manque de parole : il
» m'avait fait dire qu'il voterait pour moi, si j'allais le
» voir. J'ai préféré m'exposer à ne pas être nommé
» que d'aller demander quelque chose à un homme
» que je méprise. J'ai été aussi net avec tous les Aca-
» démiciens qui ont paru me traiter comme un infé-
« rieur, et je suis d'avis qu'il ne faut jamais chercher
» à entrer par les portes basses.

» J'ai cinquante-six promesses formelles, je compte
» sur quarante-six voix. Vu les absences et les morts,
» c'est plus qu'il ne me faut pour être nommé.

» *4 heures 1/2.* — Sur soixante-trois votants, j'ai
» eu cinquante et une voix (1). »

« Il était le *premier* d'une liste où étaient inscrits :
Verneuil, Le Fort, Voillemier, Perrin et Giraldès ; il
fut très fier de ce succès, mais certains épisodes lui
laissèrent au cœur de vifs ressentiments ; il vit que la
parole donnée peut être parfois retirée.... et il ne
voulut jamais accepter comme péché véniel le man-
quement aux engagements pris. Elle n'est pas de lui
cette phrase célèbre : « En matière d'élections acadé-
miques, les promesses n'engagent à rien (2). »

La guerre de 1870 trouva Alphonse Guérin à son
poste de dévouement. il fit même un double service
d'hôpital, à Saint-Louis et Saint-Martin, pendant tout
le siège. Séparé de sa femme, de sa mère, toutes
deux en Bretagne, sans nouvelles, ce lui fut une période cruelle, aussi pouvait-il écrire à sa femme au
moment de l'armistice :

« J'ai fait pour le pays tout ce qui était en mon pou-
» voir, je lui ai donné six mois de mon temps, de ma
» peine, six mois de privations, je n'aurais pas pu
» prendre part aux luttes politiques. C'est à vous que
» je dois d'avoir borné mon ambition à l'exercice de

(1) Lettre à M. F. Guérin, 24 juillet 1868.
(2) Dʳ P. Reclus, discours.

» ma profession que j'aime toujours passionnément,
» quoique je ne demande en ce moment qu'un peu de
» repos.

» J'espère que ce repos commencera pour moi dans
» dix ou quinze jours. »

Il alla, en effet, passer auprès de Mme Guérin quelques moments de répit et revint à Paris avant le début de la Commune. Surchargé de blessés, comptant jusqu'à trois cents malades à la fois, il sut, comme toujours, être à la hauteur de sa mission : nous dirons plus loin de quelle façon il faisait respecter son service d'hôpital. C'est alors qu'il appliqua d'une manière si merveilleuse la découverte qui devait illustrer sa mémoire.

Nous transcrirons ici une lettre qu'il écrivit à sa femme, c'est une page d'histoire, et elle montre aussi comment les fausses nouvelles se répandaient facilement, même dans Paris.

« *Jeudi 25 mai 1871, 7 heures du soir.* — Comme » je n'avais pas besoin de sortir et que j'étais fatigué, » je me suis couché à midi, en revenant de mon » excursion du côté de Saint-Louis (son hôpital). En » rentrant, j'ai rencontré le rédacteur en chef du » journal *la Liberté*, qui m'a promis de se charger de » faire mettre tous les jours à Versailles une lettre de » moi. J'espère donc que tu ne resteras pas sans » nouvelles, mais ne compte pas sans les retards, » les oublis de la poste et sans erreurs de directions.

« Si j'avais un accident, je télégraphierais Chris-
» tophe Legall à Ploërmel, mais comme il est probable
» que tout sera terminé demain, tu dois être parfai-
» tement rassurée.

» L'archevêque n'a pas été tué par les brigands qui
» l'avaient pris comme otage. Il a dit ce matin la
» messe à Saint-Sulpice. Un frère qui demeure au
» presbytère de la Madeleine m'a dit que M. Deguerry
» est également libre. Nos prêtres apprendront cette
» nouvelle avec joie, comme tous les honnêtes gens,
» mais ils doivent se réjouir de la fin du triomphe de
» la démagogie qui eût bientôt amené les mêmes
» scènes en province. Si l'état de tyrannie que Paris
» vient de subir s'était répandu, tu aurais vu arriver
» à Ploërmel un scélérat qui aurait pu te prendre pour
» otage parce que tu es riche. C'est le système de la
» Prusse, appliqué aux révolutions.

» Dieu merci, Paris est délivré, aussi l'incendie des
» monuments les plus beaux ne suffit pas pour com-
» primer la joie. Un pareil désastre eût plongé la
» population dans la douleur, si l'on ne trouvait pas
» une compensation dans la défaite des brigands qui
» nous ont gouvernés pendant deux mois.

» Tu apprendras avec plaisir que ton mari n'est
» plus exposé à servir d'otage. On avait tellement fui
» de Paris ; ceux qui sont habituellement des honnêtes
» gens avaient en si grand nombre déserté le poste
» qu'il était de leur devoir de ne pas abandonner,
» qu'il ne restait plus à Paris que des femmes et des

» vieillards. C'est là ce qui a fait la force de la Com-
» mune : avec ses bataillons, elle était maîtresse
» absolue de Paris.

» Les déserteurs vont arriver et seront sans pitié
» pour les vaincus ; il faut pourtant distinguer : à côté
» des repris de justice et des coquins de tous les pays
» qui s'étaient abattus sur Paris, à côté des hommes
» payés par nos ennemis pour abattre les monuments
» de nos gloires, il y avait des ouvriers égarés qui
» ont cru combattre pour un principe et qui ont fait
» preuve d'un courage indomptable ; à côté des bri-
» gands, il y avait des héros ; il faut distinguer. Mal-
» heureusement la peur et la politique que je méprise
» autant l'une que l'autre ne savent pas être justes.

» Je relis en ce moment l'Histoire Romaine, je la
» lis avec un vif intérêt. La maison de Cicéron, rasée
» comme celle de M. Thiers, me prouve que les
» mêmes passions ont toujours agité les hommes.
» C'est folie que de se jeter dans les luttes de parti,
» la sagesse consiste à se contenter d'une vie mo-
» deste et à ne pas courir après les honneurs qui
» rendent bien peu de gens heureux et inspirent tant
» de jalousie.

» Nous avons, à l'heure où je l'écris, cessé d'en-
» tendre le canon. Il faut que la lutte entre Montmar-
» tre occupé par les soldats et Belleville (insurgés) ait
» cessé. Nous saurons cela demain matin. Je réserve
» ma dernière page pour ce que les journaux appellent
» les nouvelles de la dernière heure.

« *Vendredi, 8 heures du matin.* — Paris est de-
» venu silencieux, pas un coup de canon, plus un
» coup de fusil. Jeannette a quitté hier son presbytère
» dont l'église avait été incendiée dans la matinée,
» bien que l'incendie eût été éteint, les obus étant
» lancés sur Saint-Eustache par les communeux, elle
» est venue nous demander asile. Le premier vicaire
» est allé chez un de ses amis. Puisqu'on se réfugie à
» la maison, cela te prouve qu'on y est maintenant
» en sûreté. Elle m'a assuré que les Halles n'ont pas
» souffert, mais que l'Hôtel de Ville et Notre-Dame
» n'existent plus. On dit aussi que la Sainte-Chapelle a
» eu le même sort. Les brigands n'ont rien voulu lais-
» ser de ce qui faisait de Paris une ville incomparable.

» Je pense qu'en recevant cette lettre, tu pourras
» m'écrire directement. Je suppose que le service de
» la poste fonctionnera demain ou après-demain.

» Ton mari qui t'aime, ALPHONSE. »

La guerre et la Commune terminées, la Mairie du
X^e arrondissement (1) décerna au docteur Alphonse
Guérin *une médaille* destinée à rappeler et le dévouement patriotique dont il avait fait preuve et la reconnaissance de ses concitoyens.

A la même époque, il fut nommé officier de la Légion d'honneur ; il était chevalier depuis le 12 août 1864.

(1) L'hôpital Saint-Louis est dans le Xe arrondissement ainsi
que l'hôpital Saint-Martin.

CHAPITRE V

Travaux et découvertes. — Le pansement ouaté.

Nous devons en quelque sorte revenir sur nos pas pour parler des travaux et des découvertes dont Alphonse Guérin jalonna toute sa carrière et faire une place spéciale à *l'œuvre vraiment originale* et merveilleuse qui devait être l'apogée de sa gloire.

Simple interne, il collabora assidûment à *la Feuille du Village*, journal agricole rédigé par son ami Pierre Joigneaux, il y donna des articles des plus intéressants sur l'hygiène dans les campagnes. Dès les premières thèses qu'il soutint, on remarqua la solidité de ses connaissances et la profondeur de ses vues.

En 1843, il commença à professer à l'École pratique un cours de chirurgie opératoire qu'il continua jusqu'en 1854. Les médecins étrangers se pressant pour l'entendre, il pensa qu'un livre dans lequel il résumerait succinctement son enseignement serait accueilli favorablement par le public médical; mais, depuis vingt ans, la médecine opératoire du professeur Malgaigne était entre les mains de tous les étudiants et il était bien difficile de faire un meilleur ouvrage, aussi Alphonse Guérin hésita-t-il quelque temps, enfin s'étant décidé à faire paraître le résumé de ses leçons sous le simple titre d'*Eléments de chirurgie opératoire* (1), il eut un tel succès que son livre atteignit sept éditions et devint classique. Ce fut *le catéchisme* qui servit pendant plus de trente années à plusieurs générations de chirurgiens. Ce traité consacra sa jeune renommée.

Nommé chirurgien de l'hôpital de Lourcine en 1858, il se voua pendant quatre ans à l'étude des affections spéciales aux femmes; durant son court passage à l'hôpital Cochin, il publia les leçons que l'administration des hôpitaux l'avait autorisé à faire devant un public composé de médecins français et étrangers. Cet ouvrage (2) où les maladies des femmes étaient étudiées sous un jour tout nouveau, où les problèmes les plus délicats sur ce sujet étaient traités de main de maître, causa une vraie sensation dans le monde médical. Quand il fut présenté à l'Institut, le docteur Velpeau, rapporteur, lui donna les plus grands éloges, ainsi qu'à l'auteur « éminemment judicieux et inté-

(1) *Eléments de chirurgie opératoire*, par Alph. Guérin. 1re édition, 1855, in-18 avec figures. — 7e édition, in-18, 315 figures. — Baillière et fils, éditeurs à Paris.

(2) *Leçons cliniques sur les maladies des femmes*. 1863, in-8°. Baillière et fils, éditeurs.

gre ». Les journaux de médecine firent remarquer que
des méthodes souvent douloureuses et cruelles étaient
proscrites de cet enseignement, aussi ce livre contri-
bua-t-il puissamment à augmenter la clientèle fémi-
nine d'Alphonse Guérin.

Ayant passé de l'hôpital Cochin à l'hôpital Saint-
Louis en 1863, le docteur Guérin continua ses leçons
cliniques et les réunit dans un nouveau volume, classique comme le premier (1).

Voici ce que le docteur Giraud Teulon lui écrivait
de cette seconde partie :

« Celui qui commence cette monographie ne pourra
» qu'être enchanté d'une lecture aussi claire et aussi
» nourrie et ne fermera le livre qu'à la dernière page...
» Exposition et diagnostic ! Je puis dire que sous ce
» rapport *votre œuvre est hors de pair*. Et puis vous
» avez là deux ou trois découvertes bien remarqua-
» bles.... Puissiez-vous vivre assez longtemps pour
» jouir de l'honneur de vos découvertes.... Comme
» conclusion, je vous dirai, sans flatterie, que vous
» étiez, entre autres attributs congénitaux, doué de la
» faculté d'exposer clairement et que, comme méde-
» cin, vous avez une rare aptitude à l'établissement du
» diagnostic différentiel.... Résumez donc votre haute
» expérience clinique en un épitome de la diagnose
» chirurgicale. Vous y excellez véritablement. »

____

(1) *Leçons cliniques sur les maladies des femmes*. 2ᵉ partie,
in-8° avec figures et 2 planches en chromolitographie, 1878. Baillière et fils, éditeurs.

Alphonse Guérin marqua ainsi chacun de ses postes d'importants travaux ; sans cesse en haleine, il menait de front la théorie et la pratique, et ses communications à l'Académie, aux sociétés savantes, faisaient autorité et étaient toujours remarquées pour leur haute valeur (1).

Certains de ses mémoires sont signés : Alphonse Guérin, de Vannes. Si leur auteur ne prit pas le nom de son lieu de naissance, Ploërmel, c'est que cette petite ville, peu connue alors, pouvait prêter à l'équivoque et faire croire à une prétention d'anoblissement bien loin de la pensée d'Alphonse Guérin. Il voulait seulement que son nom ne fût pas confondu dans l'innombrable tribu de ses homonymes. (Il y avait même, à l'Académie de médecine, un docteur Guérin auquel on a parfois attribué les plus importantes découvertes d'Alphonse et qui lui causa maints désagréments.) Mais le nôtre avait trop le sentiment de sa personnalité pour croire la rehausser en allongeant son nom d'une particule quelconque, et bien que, dans ses lettres intimes, il parle en riant du

(1) *Mémoire sur le traitement des fractures qui se consolident vicieusement, 1845.*

Mémoire sur le traitement de l'anthrax, 1864.

Mémoire sur les fractures du maxillaire supérieur. Signe nouveau pour les reconnaître, 1866.

Mémoire sur la luxation de l'avant-bras en avant.

Mémoire sur le rôle des vaisseaux lymphatiques, etc.

Articles de Dictionnaires, d'Encyclopédie, notice sur Dessault, éloge de Vidal, de Cassis.

« petit Monsieur du Fresne », il n'essaya pas cette adjonction et renonça même à toute indication de lieu d'origine, se contentant de signer toujours son prénom avec son nom de famille : Alphonse Guérin. Il allait faire une telle place à ce nom par une découverte géniale qu'il serait à jamais sauvé de l'oubli, mis hors de pair et placé parmi ceux des plus puissants et des plus infatigables bienfaiteurs de l'humanité.

La chirurgie avait fait des conquêtes remarquables, elle prenait un essor de plus en plus grand ; la découverte de la chloroformisation, en faisant cesser les drames empoignants comme celui que nous avons cité, permettait les opérations les plus délicates et les plus aventureuses ; mais, hélas ! « nul n'était sûr du résultat de ses interventions, le sort des opérés, quels que fussent les soins et la sollicitude dont on les entourait, était à la merci de l'infection purulente (1) ».

Tout le monde, aujourd'hui, a entendu parler de *l'infection purulente*, mais on ne la connaît plus guère que de nom. Quand, par suite d'une blessure accidentelle ou d'une opération voulue, la chair est lacérée et fait plaie vive, les *microbes* — ces infiniment petits si connus actuellement et si étudiés sous leurs différents noms — trouvent une voie quelconque, ils envahissent les tissus malades : impuissants à percer une peau intacte, ils ont tôt fait de s'introduire

(1) Dr Guyon, discours.

dans la partie contaminée, et là, pullulant avec une
rapidité et une fécondité prodigieuses et effrayantes,
ils désorganisent les tissus, empoisonnent le sang et
les humeurs et produisent ces affreuses décomposi-
tions spécifiques connues sous les noms de : *gangrène, infection purulente, pyohémie septicémie,
pourriture d'hôpital, érysipèle*, qui emportent les
malades après de cruelles souffrances.

« Ce fléau se jouait de tous les efforts; il défiait la
science et l'habileté des plus expérimentés, et le dé-
couragement étreignait souvent les plus énergiques.

» Dès 1847, Alphonse Guérin osa se mesurer avec
un ennemi qui semblait invincible; il mettait au service de la chirurgie les qualités qu'il avait désiré
utiliser dans une autre carrière. La décision de son
caractère, ses instincts de combativité et sa ferme
volonté s'affirmaient dans le choix d'un sujet aussi
rempli de difficultés.

» Celui du terrain où il lui paraissait possible de
vaincre donnait la preuve de la sûreté de son jugement, de la pénétration de son intelligence » (1).

Nous avons vu déjà que sa thèse de doctorat était
sur *la Fièvre purulente*. Se mettant en complet désaccord avec les théories reçues jusque-là, il soute-
nait que l'infection purulente était la conséquence de
miasmes infectieux contenus dans l'atmosphère;
après avoir développé ses idées, il disait :

(1) Dr Guyon, discours.

« Concluons donc que l'infection purulente est une maladie analogue à la peste et aux autres fièvres graves, que comme elles, elle a sa cause dans l'absorbtion des miasmes et que si, dans la fièvre purulente, on trouve du pus dans les veines et dans les lymphatiques, cela dépend de ce que ces vaisseaux ont absorbé directement les émanations atmosphériques. »

Et quelques lignes plus loin :

« Des idées que je viens de soutenir découle un principe de la plus grande importance en thérapeutique chirurgicale : c'est que *l'on aura chance d'échapper à l'infection purulente, toutes les fois qu'on ne laissera pas une plaie au contact de l'air.* »

Il terminait par ces mots :

« Je n'ajoute rien à cette observation prophylactique que je viens d'énoncer et qui me semble devoir être féconde en bons résultats, pourvu qu'elle ait quelque retentissement (1). »

Ce retentissement qui a été si grand devait se faire longtemps attendre. Alphonse Guérin, nommé trois ans après chirurgien des hôpitaux, attira sans cesse l'attention de ses élèves sur cette importante question ; il professa cette doctrine devant tous les médecins étrangers qui venaient à ses cours ; il inspira sur ce sujet les thèses de plusieurs de ses internes qui défendirent son opinion, mais « elle était en complet

___

(1) *De la Fièvre purulente*, thèse doctorale d'Alph. Guérin, 1847.

désaccord avec les idées doctrinales régnantes, avec la pratique adoptée pour le pansement des plaies. Nous étions, malheureusement, si éloignés de croire qu'il fallait chercher dans la réforme des pansements le remède des accidents consécutifs aux opérations (1) ».

Le 8 juin 1869, le docteur Guérin provoqua à l'Académie de médecine une discussion sur la nature de l'infection purulente et il fut *le seul* à soutenir *l'empoisonnement miasmatique du sang* et à lutter contre tous ses collègues de la section de chirurgie.

« J'étais loin de penser, a-t-il écrit, que peu d'années plus tard tout le monde se serait rallié à cette manière de voir et que l'on se souviendrait à peine du promoteur des idées qui ont fait adopter unanimement la chirurgie antiseptique. Faut-il me plaindre de cet oubli ? J'en serais bien tenté, mais à quoi bon ? Qu'importe la source d'où vient la vérité, il n'y a qu'une chose importante, c'est que ce qui est vrai soit connu et devienne utile (2). »

« Dès la fin de 1870, j'eus l'idée que la cause de l'infection purulente pourrait bien être due aux germes des ferments que Pasteur avait découverts dans l'air. C'était à la fin de la guerre ; tous les amputés succombaient à l'infection purulente ; pas une grande plaie ne trouvait grâce devant le fléau.

(1) Dr Guyon.
(2) *Pansement ouaté*, par Alph. Guérin, page 1.

» A cette époque, nous n'avions pas seulement la douleur de voir notre pays envahi, nous autres chirurgiens, nous avions le chagrin de voir mourir tous les malades qui avaient été opérés.

» A force de méditations et de désespérantes pensées, cherchant toujours un moyen de prévenir cette terrible complication des plaies, croyant plus fermement que jamais que des miasmes émanant du pus des blessés étaient la cause réelle de cette affreuse maladie, j'arrivai à me demander si les miasmes que j'avais cru impalpables ne devaient pas leur influence nocive à des corpuscules que M. Pasteur avait découverts et qu'il avait comparés à la levure de bière. Dans mes nuits d'insomnie j'y pensais sans cesse. Peut-être, me disais-je, n'est-ce qu'un rêve que l'expérience dissipera.

» M. Pasteur qui, à cette époque, était absolument étranger aux plus simples notions médicales, bien qu'étant un savant de génie, avait démontré que l'air est filtré par la ouate qui garde dans ses fibrilles tout ce qui n'est pas le gaz atmosphérique. C'est à ce filtrage de l'air que je pensais pour préserver les blessés.

» Nous étions arrivés à la fin de novembre 1870. Le 1ᵉʳ décembre, deux blessés me furent apportés à l'hôpital militaire Saint-Martin (1). Comment les soustraire à l'action des poussières de l'air?

(1) Le Dʳ Guérin y fit un service supplémentaire pendant toute la durée de la guerre.

» Si vous voulez avoir une idée de toutes les impuretés contenues dans l'air, fermez les volets d'une chambre et arrangez-vous pour qu'un rayon de soleil arrive dans l'obscurité. Vous y verrez des millions de corpuscules que l'œil ne distingue pas entre eux, mais parmi lesquels il y en a qui ressemblent à ce qui constitue le ferment de la bière.

» Eh bien ! ce sont ces corpuscules-là qui doivent empoisonner les blessés. J'étais arrivé à cette conclusion par une sorte d'intuition. Les deux blessés que l'on venait d'apporter dans mes salles me servirent à démontrer que le désespoir m'avait bien inspiré.

» Je résolus de filtrer l'air et de faire en sorte qu'il n'arrivât sur les plaies que dépouillé de toutes ses impuretés. Mais comment filtrer l'air ?

» Je fis alors un pansement qui ressemble à une expérience de physique.

» Je me souvins que M. Burggræve, médecin belge à qui je me suis toujours plu à rendre justice, bien qu'il n'ait jamais manqué une occasion de m'attaquer, nous avait appris à faire la compression élastique avec la ouate. Je compris de suite que par cette compression j'arriverais à appliquer la ouate assez exactement sur les parties voisines de la plaie, pour m'opposer au passage des poussières sur les limites du pansement.

» Ayant donc lavé avec une solution d'acide phénique les plaies de mes amputés, car c'étaient des amputés (l'un de cuisse, l'autre de jambe), je les couvris d'une couche de ouate assez épaisse pour que je pusse exercer de toutes mes forces la compression qui était indispensable. De ces deux blessés, l'un était déjà infecté quand je l'opérai, il mourut. Le second guérit rapidement.

» Dès mes premiers pansements, j'arrivai à une combinaison de moyens qui tous ont, je crois, leur efficacité : filtrage de l'air, compression élastique, incubation (ou température constante) et rareté des pansements, telles étaient les conditions essentielles de ma méthode » (1).

« Certes depuis longtemps l'ouate était employée en chirurgie : Anderson l'avait préconisée contre les brûlures et Mayer (de Lausanne) avait insisté sur les services qu'elle peut rendre dans les pansements. En 1836, Chatelain avait proposé de l'employer à la place de la vieille charpie, et Burggrœve s'en servait pour les appareils de fracture. Mais ces essais anciens n'ont rien à voir avec les remarquables travaux d'Alphonse Guérin, et c'est bien à lui qu'appartient l'idée de l'emploi systématique et rationnel de la ouate dans les pansements. A l'empirisme succédait une doctrine et une méthode scientifiques » (2).

La guerre était finie, Alphonse Guérin avait quitté

(1) Alph. Guérin. *Conférence aux Dames françaises, pansement ouaté*, passim.

(2) Leçon du professeur Félix Terrier, cours d'opérations et d'appareils. Janvier 1894.

l'hôpital Saint-Martin et se consacrait entièrement à
l'hôpital Saint-Louis, lorsque l'insurrection de la Commune amena dans son service des blessés en nombre
considérable, et il leur appliqua à tous son pansement.

« Les salles de cet hôpital avaient mérité une détes-
table réputation ; malgré ces conditions néfastes, l'on
vit les guérisons se succéder au point de devenir la
règle, alors que le résultat des opérations n'avait pas
cessé d'être désastreux, même avant la guerre.

» Les circonstances dans lesquelles fut démontrée
avec tant d'éclat la puissance de méthodes capables
de s'opposer aux redoutables conséquences de la
contamination des plaies, ajoutaient à l'émotion dont
nous fûmes tous saisis en apprenant les magnifiques
guérisons obtenues par Alphonse Guérin.

» Il était temps que la brillante victoire qui venait
récompenser l'un des nôtres prouvât que ce n'était
pas en vain que tant d'hommes d'élite s'étaient voués
à l'avancement de la chirurgie. Son bienfaisant pou
voir s'exercerait désormais dans toute son étendue,
il nous était enfin permis de l'espérer.

» Les résultats obtenus par un pansement fondé sur
une théorie scientifique en apportaient la promesse.
Les guérisons que nous avions sous les yeux, et qui
n'étaient pas sans nous étonner, avaient été prévues.
L'application de la méthode d'Alphonse Guérin ouvrait en France l'ère nouvelle de la chirurgie (1). »

(1) Dr Guyon, discours.

« Je me rappelle cette époque, dit le docteur Reclus, et notre stupeur indicible lorsque le bruit courut dans les hôpitaux que, dans son service de Saint-Louis, Alphonse Guérin avait obtenu *dix-neuf* guérisons sur *trente-quatre* opérés pansés à la ouate. Quoi ! plus de la moitié aurait échappé à la mort ! Mais c'était impossible ! L'infection purulente était devenue pour nous une maladie fatale, nécessaire, attachée comme par un décret divin à tout acte chirurgical important.... Et sous le pansement merveilleux, nous pouvions voir cette chose mémorable : des réunions primitives, des cicatrisations de plaies sans inflammation et sans pus !

« C'était la révolution pour la chirurgie, l'aurore d'une ère triomphante, l'avènement de la méthode antiseptique en France (1). » — « Une découverte clinique prodigieuse, une sorte de chef-d'œuvre d'expérimentation inaugurée par un inspirateur de génie (2). »

Disons, en peu de mots, la technique du *pansement ouaté*, nom sous lequel fut connue la découverte du chirurgien breton, mais « dénomination insuffisante pour rappeler son rôle thérapeutique et physiologique (3) ».

Une fois les précautions habituelles de nettoyage opérées, précautions que le docteur Guérin prenait avec un soin minutieux, procédant à des lavages à

(1) Dr P. Reclus, éloge d'Alph. Guérin.
(2) Dr Lucas-Championnière.
(3) Alph. Guérin. *Conférence aux Dames françaises,*

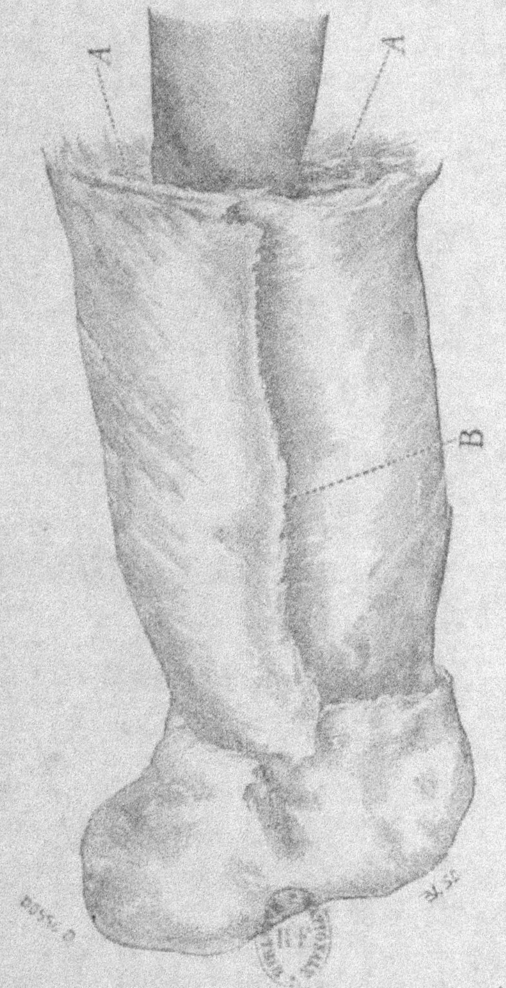

Jambe entourée d'une masse de ouate sans bande.

4.

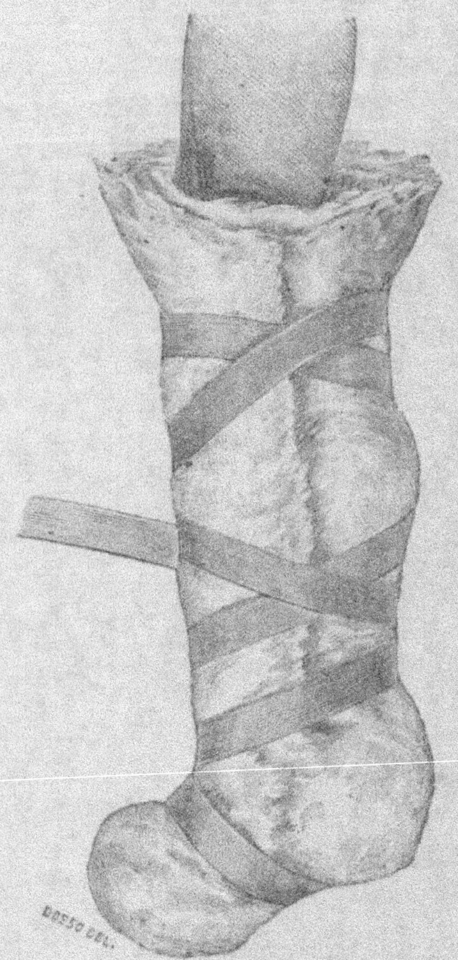

Première bande maintenant la ouate sans l'affaisser.

grande eau avec des solutions phéniquées sur toute
la surface qui devait être enveloppée, il appliquait
avec « prestesse » la ouate sur la plaie. « Il ne faut
pas penser à professer pendant que l'on s'occupe du
blessé, il faut se consacrer exclusivement à l'œuvre
mécanique (1). » Cette ouate, savamment placée, doit
être tassée par d'énergiques tours de bandes qui appliquent les tissus les uns contre les autres, comblent
les anfractuosités et les dépressions, effacent les
lacunes, « les espaces morts » où s'accumulent le
sang et la sérosité si favorables à la pullulation des
microbes. Les germes déposés dans les tissus par les
mains et les instruments sont dévorés par les phago-
cytes. C'est « *l'emballage* d'un objet précieux et fra-
gile, immobilisé dans un *étau doublé de velours* (2) ».
Et quand, au bout de trois semaines — quelquefois
plus, quelquefois moins — on enlève le pansement, la
cicatrisation est obtenue.

« Cette rareté des pansements cause toute sorte
d'inquiétudes aux chirurgiens nerveux », disait Alphonse Guérin, et il ajoutait : « Je sais reconnaître
que mon pansement a un défaut : il faut qu'il soit
appliqué par une personne expérimentée ; malheureusement la plupart des chirurgiens, même parmi ceux
qui pratiquent dans de grands hôpitaux, ne se font
pas une idée bien nette des soins qu'il faut y appor-

(1) *Pansement ouaté.*
(2) Dr Guérin.

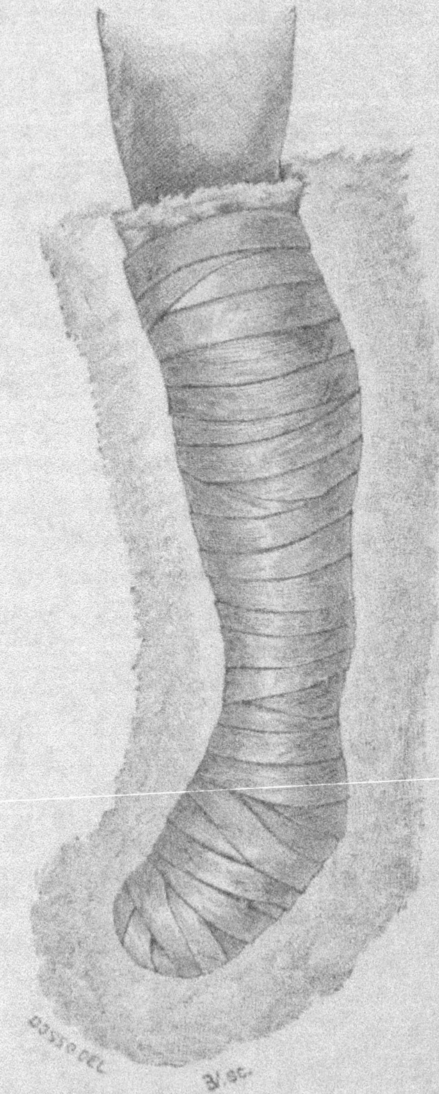

Pansement terminé et indiquant le volume de la ouate
avant la compression.

ter.... et ils s'étonnent de ne pas obtenir les résultats promis. J'ai tort de dire qu'ils s'étonnent; il est dans la nature de l'esprit humain de ne pas procéder ainsi. Au lieu de s'étonner, on aime mieux s'en prendre à l'inventeur qu'à soi-même. Celui qui a fait le pansement ne croit pas qu'il a pu se tromper, ne l'ayant jamais vu appliquer par celui qui l'a imaginé; c'est chose si simple que de mettre de la ouate et des bandes!

» Il faut que je répète ici que la technique de ce pansement n'est pas aussi facile que le croient ceux qui n'ont pas daigné étudier. Il m'a toujours fallu plusieurs mois pour obtenir que mes élèves missent cet appareil d'une manière irréprochable.... On dépense beaucoup de force et le pansement n'est satisfaisant qu'à la condition que les aides auront, comme le chirurgien, apporté à son application autant de soins que d'adresse.

» C'est pour cela que ma méthode ne sera appliquée que par les chirurgiens plus soucieux de la vie de leurs malades que préoccupés de la fatigue qui incombe à ceux qui appliquent mon pansement. Je suis pourtant convaincu qu'elle s'imposera sur les champs de bataille, parce qu'elle met *instantanément* les blessés à l'abri de la douleur inhérente aux secousses et aux chocs qui résultent du transport dans des chemins difficiles, dans des voitures souvent mal suspendues. S'il faut consacrer beaucoup de temps pour faire un premier pansement, on peut espérer que le malade sera guéri quand on le dépansera (1). »

Disparition de la douleur, c'est *la caractéristique* qui assure au chirurgien que l'appareil a été bien appliqué ; les blessés, une fois pansés, mangent, boivent, dorment, comme s'il ne leur était rien arrivé, l'absence de fièvre est presque toujours constante.

« Quand mes collègues vinrent à l'hôpital Saint-Louis voir les nombreux amputés que je venais de guérir pendant la guerre civile de la Commune, tous furent frappés par l'air de contentement et de gaieté de ces pauvres gens qui, après avoir échappé à la mort, n'ignoraient pas que des peines sévères les attendaient à leur sortie de l'hôpital. M. Larrey me disait que je n'avais pas l'air d'être dans une salle d'hôpital : « Tous vos blessés, ajoutait-il, paraissent heu-» reux et semblent ne pas souffrir ! (2) »

Quelle satisfaction intime et profonde pour une nature comme celle d'Alphonse Guérin d'être arrivé à ce merveilleux résultat ! « Supprimer la douleur aux malheureux soldats, que les nécessités du combat obligent à subir les rigueurs des transports successifs, devait tenir bien fortement au cœur de celui qui regrettait encore de ne pas s'être tout entier consacré à l'armée ! (3) »

(1) *Pansement ouaté.* Préface.
(2) Alph. Guérin, *passim.*
(3) Dr Guyon, discours.

Il écrivait à sa femme :

« C'est une véritable jouissance pour moi de penser
» que j'aurai rendu la chirurgie opératoire possible à
» Paris. Les résultats du siège étaient tellement déplo-
» rables que nous nous demandions tous s'il ne valait
» pas mieux laisser les malades mourir sans opération
» que de les exposer à une mort presque certaine,
» en les opérant. Dieu merci, tout cela va changer.
» Cette pensée me rend plus heureux qu'on ne peut
» le deviner. Je ne pense pas, je t'assure, au bénéfice
» que j'en pourrais tirer. Je renoncerais volontiers à
» toute rémunération pour que mes collègues reti-
» rent de mon pansement les mêmes avantages que
» moi (1). »

Et à son frère, après lui avoir annoncé sa découverte :

« Si Nélaton avait eu une idée aussi heureuse, quel
» bruit il en eût fait. Moi, je me contente d'être heu-
» reux d'avoir trouvé le moyen de soulager et de
» guérir. »

Parlant de ces accidents si fréquents dans les cen-
tres industriels et agricoles où des membres, des
mains, par exemple, sont broyées par les machines,
accidents qui sont réparés d'une façon presque mira-
culeuse par son pansement, il écrivait :

« C'est pour moi une source très grande de bonheur
de penser qu'après ma mort je contribuerai encore

(1) Lettre du 27 juin 1871.

par mon invention à conserver des membres que l'on ne pourrait pas conserver sans avoir recours à ma méthode de pansement (1). »

L'absence de douleur dans le pansement ouaté est telle que « quand la ouate et les bandes sont bien appliquées, on peut frapper avec force sur la masse de ouate comprimée, sans que le blessé éprouve la moindre douleur. Vous pouvez frapper à coup de poing sur le moignon d'amputation, disait Alphonse Guérin, l'opéré n'accusera pas la moindre sensation douloureuse, il n'aura que de l'étonnement (2) ».

« Lors de l'inauguration du nouvel Hôtel-Dieu, M. le Maréchal de Mac-Mahon, alors Président de la République, voulut voir les blessés pansés par ma méthode, et j'en fus avisé par le directeur. J'avais justement, à ce moment, dans mes salles, une femme qui avait été amputée quarante-huit heures auparavant.

» J'amenai mon visiteur auprès du lit de cette femme et je lui dis : « Je vais vous prouver que mes » blessés ne souffrent pas », et, en même temps, je donnai un grand coup de la main sur ce qui restait du bras de la malade, elle se mit à rire.

» Je vous en prie !... » s'écria le maréchal.

» Je pris alors le bras de la malade, je l'élevai et le laissai retomber, elle riait toujours. Je lui demandais si elle souffrait, elle me répondit qu'elle ne ressentait

(1) *Pansement ouaté*, page 185.
(2) Dr F. Terrier.

pas la moindre douleur. « Vous pouvez faire la guerre,
» dis-je alors au maréchal, et je vous réponds que
» vos blessés n'auront plus rien à craindre, si on les
» jette dans de mauvaises charrettes. »

» Quelques jours après, le Président alla faire une
tournée en Normandie, et M. le général de Broye, qui
était son officier d'ordonnance, m'écrivit : Je suis
heureux de pouvoir vous dire que le maréchal n'est
pas entré, au cours de sa tournée, dans un seul hôpital sans demander si on pratiquait votre pansement (1). »

Les autorités les plus compétentes ont établi que
c'était bien, en effet, « *le pansement de guerre par
excellence* », tel que l'avait annoncé son inventeur, et
le docteur Védrènes, médecin militaire éminent,
partisan convaincu de cette méthode, en classait
ainsi les avantages exceptionnels :

1° Simplicité des éléments : il suffit, en effet, d'avoir
de la ouate et des bandes.

2° Facilité inouïe de transport des blessés pansés
de cette façon, car ce pansement fait disparaître les
souffrances.

3° Variété des usages auxquels il se prête. On peut
l'appliquer à toutes les plaies depuis la lésion la plus
simple jusqu'à la plaie d'opération la plus compliquée.

4° Économie de temps du chirurgien profitable aux
autres blessés.

(1) *Conférence aux Dames françaises.*

La pratique est venue montrer l'exactitude et la
portée de ces vues théoriques. Dans la guerre russo-
turque (1877-1878) on a pu voir la supériorité du
pansement ouaté sur les anciennes méthodes. La
statistique du docteur Girerd, chirurgien en chef
des ambulances, comprenait soixante-trois amputa-
tions avec *trois* morts; vingt-huit résections avec *zéro*
mort.

Plus récemment encore, le docteur Callionzis, chirurgien en chef de la Croix-Rouge hellénique, publiant
la statistique des blessés de la guerre gréco-turque
(1897) qu'il avait soignés, constatait que *sur cent
soixante-trois, aucun blessé n'était mort, aucun
membre n'avait été amputé*, les fractures compli-
quées avaient parfaitement guéri. — Ces magnifiques
succès sont dûs, d'après le témoignage du docteur
Callionzis, que nous avons sous les yeux, « au pansement ouaté compressif de l'illustre docteur Alphonse
Guérin » tel que le pratiquent actuellement les parti-
sans de la chirurgie conservatrice.

Quels résultats, si on les compare à ceux de la
guerre de 1870, de la guerre de Crimée, où la mortalité des opérés fut de quatre-vingt-dix-huit pour cent!
Aussi le czar voulut-il envoyer au docteur Alphonse
Guérin la croix de grand officier de l'Ordre de Sta-
nislas II, de Russie, en témoignage d'estime et de
satisfaction.

Alphonse Guérin écrivait à sa femme en juin 1871 :

« Jusqu'ici on me laisse tranquille; quand ma mé-

» thode ne pourra plus être contestée comme effica-
» cité, on me disputera la priorité de l'idée. Je veux
» m'y attendre pour ne pas avoir de déception. C'est
» l'histoire de toutes les découvertes....

   » Quand le temps sera venu, je ferai aux Académies
» des communications qui réjouiront le cœur de
» Mme de Pommereul, car je ne veux pas qu'on me
» prenne mon bien.

   » L'article de *la Gazette des Hôpitaux* est un jalon
» qui gênera déjà les voleurs. Il est impossible que
» cette découverte ne me fasse pas à Paris une si-
» tuation exceptionnelle. Je ne connais pas vraiment
» de découverte moderne en médecine qui soit aussi
» importante. J'excepte bien entendu l'emploi du
» chloroforme, qui aurait dû immortaliser ses inven-
» teurs. Tout ceci n'est que pour toi, bien entendu. »

   Le 7 juin 1871, il lui écrit de nouveau :

   « Tous les élèves de Saint-Louis sont émerveillés
» de l'effet de mon pansement. J'en ai parlé hier à
» l'Académie en faisant mon quatrième discours sur
» l'infection purulente (1). Me voilà débarrassé de
» cette discussion; d'autres académiciens parleront
» encore, mais je me suis engagé à ne plus prendre
» la parole sur ce sujet. Ce serait de l'importunité. Je
» sors de cette discussion avec la certitude de ne pas
» avoir été inférieur à mes contradicteurs. C'est tout

(1) Voir la discussion : *Bulletin de l'Académie de médecine*, 1871,
page 328.

» ce que je pouvais désirer, puisque mes idées n'ont
» pas été sérieusement attaquées. »

Le succès du pansement était trop évident pour
qu'on pût le nier, mais de là à l'acceptation de la
théorie qui lui avait donné naissance — doctrine et
théorie auxquelles le docteur Guérin tenait *plus qu'à
la méthode elle-même* — il y avait loin. En dehors
de ses élèves, on disait à l'hôpital, avec dédain, qu'il
n'y avait pas à s'occuper de petits êtres imaginaires
et, la première fois qu'il soutint à l'Académie son
idée des corpuscules vivants, on pensa que le Siège
avait troublé son cerveau; l'un de ses collègues lui
avoua même, plus tard, qu'il l'avait cru fou! Et cependant : « Tout était là, tout est venu de là, et jamais
Pasteur lui-même n'aurait osé prédire aux amputés
l'avenir que leur préparait la conception d'Alphonse
Guérin (1). »

Au commencement de juillet, après avoir eu, à la
fois, *trois cents blessés* dont *trente-cinq amputés* à
soigner, il écrivait encore à Mme Guérin :

« On continue à venir voir mes malades à l'hôpital.
» J'y passe ainsi beaucoup plus de temps qu'à l'ordi-
» naire, mais c'est du temps bien employé.... Jus-
» qu'ici personne n'a fait d'objections à ma méthode,
» c'est la première fois que je vois accepter unanime-
» ment une découverte du vivant de son auteur (2). »

(1) Dr P. Lambry.
(2) Lettre du 8 juillet 1871.

» Le journal *la Gazette Médicale* dont Jules Guérin
» est le directeur scientifique vient de faire un article
» sur ma méthode. On reconnait que mes résultats
» sont très étonnants, très remarquables, mais comme
» tous mes malades ne se sont pas guéris, on est
» porté à penser que la méthode de Jules Guérin est
» préférable parce que mon homonyme guérit tous
» ses amputés!! Voilà la bonne foi des journalistes!
» Ce matin un médecin de l'hôpital Saint-Louis me
» disait que sur *trois* amputés pansés par Jules Gué-
» rin, il y avait eu juste *trois* morts, il ne pouvait
» pas y en avoir davantage.

» Tu comprends que c'est le journal qui devait
» m'être le moins favorable. Aussi suis-je toujours
» fort content de mes succès et de ma méthode. Mes
» élèves sont furieux de la mauvaise foi de *la Gazette
» Médicale* (1). »

Ce terrible homonyme (2) n'en resta pas là; il alla
jusqu'à réclamer la méthode d'Alphonse Guérin
comme une dépendance de la sienne! Cette in-
signe mauvaise foi put être dévoilée et réduite à
néant.

« ... Heureusement Gosselin, qui est le président
» de l'Académie, a reconnu que ma méthode m'ap-

---

(1) Lettre du 17 juillet 1871.

(2) *Jules Guérin*, né en 1801 à Boussu (Belgique), mort en 1886.
Membre de l'Académie de médecine. Il fut un des adversaires
acharnés de Pasteur et, à plus de quatre-vingts ans, il alla jusqu'à le provoquer en duel! (Vallery-Radot).

» partient sans conteste et, ce qui est très important,
» qu'elle guérit.

» J'ai amené Jules Guérin à reconnaître publique-
» ment que les trois amputés traités par lui à l'ambu-
» lance du Grand-Hôtel sont morts.

» Hier, ma chère Anaïs, j'ai occupé toute la séance
» de l'Académie par ma réponse à Gosselin et à Jules
» Guérin. Ces Messieurs ne m'ont répondu que quel-
» ques mots qui ont ressemblé aux quelques coups de
» fusil tirés par les soldats qui battent en retraite.

» J'ai reçu de nombreuses félicitations et entre
» autres de Hardy, qui ne dit que ce qu'il pense. »

Ce que le docteur Guérin avait prévu arrivait : l'occasion était trop belle ; d'autres s'efforcèrent de prouver que le chirurgien de Saint-Louis non seulement
n'était pas l'auteur de la méthode, mais d'insinuer
même qu'elle n'était pas née en France. Dès le courant de l'été de 1871, dans une thèse soutenue à la Faculté, on affirma, *sans preuves à l'appui d'ailleurs*,
que le pansement ouaté n'était autre que le pansement du chirurgien anglais Lister (1). Le docteur
Terrier, auquel nous empruntons ce détail, ajoute :
« C'est là une assertion absolument fausse, et avant
de l'émettre, l'auteur de cette monographie aurait dû
se renseigner plus exactement et aurait pu lire ou se
faire traduire l'article tout récemment écrit par M. Lister dans le traité de Holmes (2). »

(1) Sir Joseph Lister, chirurgien écossais (né en 1827) très célèbre.
(2) *Revue scientifique*, 1871, page 533, article du Dʳ F. Terrier.

» Si j'avais annoncé la découverte du pansement ouaté avec quelque bruit et un peu de préoccupation de ma personnalité, écrivait Alphonse Guérin, j'aurais sans aucun doute retiré plus de profit et d'honneurs qu'en attendant patiemment que quelques travaux de mes élèves eussent initié mes collègues à une nouvelle méthode de pansement dont les résultats étaient si incontestables ; mais j'avais été témoin de l'injustice dont Chassaignac avait souffert, j'avais compris que si les chirurgiens de sa génération avaient repoussé le *drainage* et tourné en dérision l'invention de *l'écraseur linéaire,* c'est que l'inventeur de ces deux méthodes n'était pas resté assez silencieux. A moins d'être doué d'une grande ambition, et d'être de force à ne pas craindre d'être accusé de vanité, il vaut mieux ne pas chercher à recueillir les fruits d'une découverte.

» C'est du moins ce que je pensais en 1871.

» J'ai toujours eu l'habitude de ne publier mes idées qu'après les avoir soumises à une scrupuleuse expérience. Voilà pourquoi je ne publiais moi-même la théorie de mon pansement et celle de l'influence des germes qu'en 1874. Mais il ne serait pas juste de reporter à cette époque les idées que je professais dès le mois de mars 1871 devant mes élèves et devant les nombreux chirurgiens qui venaient constater à l'hôpital Saint-Louis les résultats de la nouvelle méthode.

» C'est de cette époque que date en réalité la

théorie des germes ou ferments comme cause de
l'infection purulente. On apprit plus tard en France
que Lister avait été conduit à imaginer son pansement à l'acide phénique en s'appuyant sur la notion
de l'existence des ferments auxquels Pasteur attribuait depuis 1863 la fermentation. Mais jamais Lister,
dont j'ignorais en 1871 les travaux importants, n'a
formulé une théorie de la production de l'infection
purulente par les ferments, il ne visa qu'une chose :
la putréfaction. Je tiens à ce que cela soit bien constaté, car je sais que quelques personnes qui seraient
plus disposées à reporter sur un étranger l'honneur
d'une découverte, qu'à en attribuer le mérite à celui
qui, près d'eux, en a eu le premier la pensée, ont
paru croire que Lister a émis avant moi l'explication
de la production de l'infection purulente ou pyohémie
par l'action septique des ferments. Or, il est impossible de trouver un passage dans lequel Lister vise
autre chose que la putréfaction. Cela résulte très
nettement des articles qu'il publia dans *la Lancette*
anglaise en 1867 et l'on ne trouve pas autre chose
dans son article de 1871.

« M. Pasteur a trouvé les ferments dans l'atmosphère, moi j'ai découvert le rôle qu'ils jouent dans
la production des accidents auxquels les blessés
succombent. Il faut bien que je le rappelle ici, car
je serais tenté, parfois, de me demander si c'est bien
moi qui eus le premier l'idée que les ferments ou
corpuscules vivants, contenus dans l'air, sont les

agents de la production de l'infection purulente, tant
il y a unanimité pour oublier mes travaux, quand on
parle des maladies engendrées par les microbes (1). »

« On avait bien admis l'existence des bactéries dé-
montrées par Davaine dans le sang des animaux
charbonneux, mais de là à admettre l'action sur le
sang des corpuscules animés de l'air, il y avait loin....
Comme la doctrine que je soutenais à l'Académie
n'était admise par personne, j'avais demandé à un de
mes excellents amis, le professeur Würtz, de m'indiquer un savant ayant une grande autorité, qui pût
contrôler les faits sur lesquels je m'appuyais. Würtz,
qui avait compris l'importance de ma doctrine, m'in-
diqua d'abord Sainte-Claire Deville, mais après ré-
flexion il me dit : « C'est Pasteur qui étudierait cette
« question avec le plus d'intérêt, malheureusement il
« est paralysé. » Quinze jours plus tard, il m'engagea
à aller voir M. Pasteur dont la santé se rétablissait.

« Je n'étais pas allé le trouver (plus tôt) supposant
qu'il avait quelque connaissance sur un sujet qui
n'avait cessé de me préoccuper depuis 1847. Si M. Pasteur avait eu, à cette époque, les connaissances médicales qu'il a acquises depuis, j'aurais eu un puissant
défenseur de mes idées. Il n'y avait pas pensé lorsque
j'allai lui exposer la doctrine que je professais sur la
production de l'érysipèle et de l'infection purulente.
Il ne savait pas bien de quels accidents des blessés je

(1) *Pansement ouaté, passim.*

5.

l'entretenais, mais quand je lui eus fait comprendre que les corpuscules de l'air, auxquels il avait attribué la fermentation, pouvaient, dans certaines circonstances, acquérir des propriétés nocives capables de tuer les blessés entassés dans des salles de chirurgie, après m'avoir exprimé son étonnement, il me demanda où il pourrait voir cela. « Dans mon service », lui répondis-je. Il vint alors à l'Hôtel-Dieu dont j'étais devenu le chirurgien, et assisté de M. Gayon, son préparateur, il suivit assidûment mes visites, examinant le pus de mes malades et celui des blessés non soumis à mon pansement. Après avoir recherché à l'aide du microscope, ils constatèrent que le pus de mes blessés était parfaitement pur et que les résultats annoncés par moi étaient exacts.

» M. Pasteur me parut très impressionné par cet examen qu'il voulut bien renouveler pendant deux ans, lorsque je dépansais mes malades. Je crois que, dès cette époque, il eût adopté la doctrine de la production des maladies par les corpuscules animés qu'il avait comparés au ferment de la bière, si les discussions à l'Académie de médecine et les conversations qu'il avait avec Gosselin ne l'avaient pas un peu ébranlé (1). »

Le 23 mars 1874, Alphonse Guérin déposa à l'Académie des sciences sa première communication sur sa *nouvelle méthode de traitement des amputés : du*

____

(1) Alph. Guérin : *Origine de la doctrine microbienne, passim.*

rôle pathogénique des ferments dans les maladies chirurgicales. Elle se terminait par cette phrase :

« Si cette doctrine (la sienne) est vraie, pourquoi ne pas demander au microscope le secret de toutes les affections septicémiques ? J'ai déjà la conviction que l'infection putride et l'infection purulente, qui diffèrent l'une de l'autre autant par leurs signes cliniques que par les lésions consécutives que l'autopsie révèle, ne sont pas engendrées par les mêmes ferments.

» Jusqu'ici, mes expériences m'autorisent à affirmer que les ferments contenus dans l'atmosphère produisent ces maladies. Espérons qu'un jour on pourra dire les caractères qui les différencient et le rôle pathogénique qui est dévolu à chacun d'eux. »

La Gazette Médicale appréciait ainsi cette note du docteur Guérin :

« Il est des auteurs (et le nombre en est même très grand) qui, avides de la publicité acquise aux comptes rendus de nos Académies, et redoutant d'être devancés dans la voie où ils se sont engagés, se hâtent de communiquer à ces sociétés savantes les résultats de leurs recherches, avant de les avoir soumis à un contrôle sérieux, souvent même avant d'avoir pu compléter les premières observations sur lesquelles reposent les données nouvelles dont ils se font les promoteurs. Il y a là une tendance contre laquelle on ne saurait trop réagir.

» M. Alphonse Guérin vient de donner à ce sujet un

excellent exemple en entretenant pour la première fois, dans la dernière séance, l'Académie des sciences de ses études cliniques sur le pansement ouaté, trois ans après qu'il a inauguré ce mode de pansement et qu'il a eu la satisfaction de le voir entrer dans la pratique de la plupart des chirurgiens français et étrangers.

» Fort de son expérience, de celle de ses confrères, qui a servi de contrôle à la sienne, de l'examen approfondi des critiques adressées à sa méthode, M. Alphonse Guérin a pu soumettre en toute assurance son œuvre à l'appréciation des membres de l'Académie, et l'intérêt de sa communication n'a nullement souffert du retard qu'il a mis à la faire : nous en appelons à tous ceux qui ont entendu et écouté religieusement notre savant confrère.

» La communication de M. Alphonse Guérin n'est que l'avant-propos d'autres communications qu'il a l'intention de faire sur la même matière. Nous aurons donc à revenir sur ces communications successives qui, se complétant les unes les autres, formeront comme l'exposé doctrinal de la méthode suivie par l'habile chirurgien de l'Hôtel-Dieu (1). »

Dans cette lecture le docteur Guérin rappelait comment les travaux de Pasteur avaient servi à ses propres découvertes ; voici la lettre que celui-ci lui adressa dès le lendemain :

(1) Dr F. de Ranse, *Gazette Médicale* du 28 mars 1874.

» Paris, 24 mars 1874.

» Mon cher Collègue (1),

» J'ai beaucoup regretté que le règlement de l'Aca-
» démie m'ait empêché de prendre la parole à la suite
» de votre remarquable lecture. Votre si précieux
» mode de pansement m'a bien donné à réfléchir
» depuis que j'ai eu l'honneur de vous voir et j'aurais
» désiré hier appeler votre attention sur une inter-
» prétation de vos résultats.

» Vous savez que les liquides les plus fermentes-
» cibles ne peuvent éprouver la fermentation quand
» ils sont concentrés. Les sirops de sucre ne fermen-
» teraient pas quand bien même on y introduirait de
» la levure de bière et les aliments propres à sa nu-
» trition. Dès lors voici ce que je me demande et ce à
» quoi je vous prie de penser vous-même. Ne se
» pourrait-il pas que la ouate eût pour effet, non seu-
» lement de mettre la plaie au contact de l'air filtré
» pur, mais aussi d'absorber des liquides, et dans
» ceux-ci la partie aqueuse, de les concentrer par
» conséquent et d'empêcher ainsi la possibilité de la
» vie et du développement des ferments; de telle
» sorte que quand bien même les germes des fer-
» ments seraient présents à la surface de la plaie, ils
» ne pourraient vivre et se multiplier. Je vous sou-

(1) M. Pasteur était membre de l'Académie de médecine.

» mets cette idée et vous la livre pour ce qu'elle
» vaut.

« J'ai été très sensible à la mention si indulgente
» que vous avez fait de mes travaux et je suis heu-
» reux d'avoir éveillé dans votre esprit les premières
» idées qui vous ont conduit à des pratiques si utiles
» à l'humanité.

» Veuillez agréer, mon cher collègue, l'assurance
» de ma profonde estime et de mes sentiments les
» plus distingués.

» L. PASTEUR. »

A la séance suivante le grand chimiste présenta
l'observation qu'il avait adressée au docteur Guérin
et commença en ces termes :

« Je n'ai aucune compétence pour juger les résultats de l'important travail de M. Alphonse Guérin;
toutefois, je sais, et par des voix très autorisées, que
le mode de pansement de l'habile chirurgien de
l'Hôtel-Dieu constitue un grand progrès chirurgical (1). »

Le 18 mai 1874, une nouvelle note *sur l'influence
des ferments sur les maladies chirurgicales* était lue
par Alphonse Guérin; il y démontrait de nouveau sa
théorie et il ajoutait :

« J'attache une grande importance à prouver que
c'est en empêchant le contact des ferments atmos-

(1) *Comptes rendus de l'Académie des sciences*, 30 mars 1874.

phériques sur les plaies que je suis parvenu à guérir les amputés dans quelque milieu qu'ils se trouvent; car la guérison empirique serait sans doute un événement heureux, mais qui serait sans conséquence pour la pathogénie. L'idée, si elle est vraie, a une bien autre importance (1). »

« M. Pasteur était pourtant bien près d'accepter mes idées, lorsque le malheur voulut qu'une commission de l'Institut, composée de MM. Larrey, Pasteur et Gosselin, vint le 13 novembre 1874 à l'Hôtel-Dieu pour contrôler de nouveau l'état du pus de mes blessés.

» A ce moment, je n'avais dans mes salles qu'un malade pansé à l'ouate, je le fis descendre à l'amphithéâtre.

» Il avait une blessure à la main et, étant entré le soir à l'hôpital, il avait été pansé par un élève de garde, étranger au service et qui ne se doutait pas des lavages antiseptiques auxquels je soumettais les malades avant d'appliquer la ouate et les bandes. Comme le malade ne souffrait pas, je n'avais pas eu l'idée d'enlever son pansement. Je ne le connaissais donc pas. J'aurais dû prier les membres de l'Institut d'ajourner leur examen à une époque où j'aurais eu à leur montrer un blessé pansé *par moi*. La plus vulgaire prudence me commandait cette conduite,

(1) *Comptes rendus de l'Académie des sciences*, séance du 18 mai 1874.

mais dans la crainte de gêner les membres de la Commission, je me décidai à dépanser devant eux le malade dont je viens de parler. A peine la bande qui maintenait la ouate était-elle enlevée que je sentis une odeur de saleté à laquelle je n'étais pas habitué. Cela eût dû suffire pour demander un ajournement ; au lieu de cela, je continuai, et ayant enlevé la ouate, nous constatâmes que la main qui avait été enveloppée dans les pièces du pansement était d'une saleté repoussante. Couverte de cambouis noir, elle n'avait pas été lavée au moment où on l'avait pansée, et, certainement, elle ne l'avait pas été plusieurs jours auparavant. Je n'ai pas besoin de dire que, en examinant le pus au microscope, on y trouva des vibrions. On aurait pu se dispenser de l'examiner, puisqu'il n'était pas dans les conditions du pus dont j'avais parlé : la main qui l'avait sécrété était sûrement couverte de microbes au moment où on l'enveloppa de ouate. Eh bien ! c'est ce fait, et ce fait seul, qui a fait répéter par tout le monde que le pus de mes pansements contient des vibrions.

» Malgré mes protestations, M. Pasteur fut impressionné par Gosselin qui, chargé du rapport, soutint que, si mon pansement était utile, la doctrine sur laquelle je l'étayais n'était pas fondée. Bien que l'Institut m'eût accordé *le prix Montyon*, Gosselin triomphait ; il avait fait admettre que ce ne sont pas les corpuscules émanant des plaies qui donnent lieu à l'infection purulente. Il triomphait double-

ment parce que, disait-il, M. Pasteur ne m'avait pas
défendu.

» Si ce savant, dont notre pays s'honore avec raison, avait imaginé et prouvé, comme je l'ai fait, que
les maladies miasmatiques, désignées sous le nom
d'infection purulente et d'infection putride, sont engendrées par les ferments qu'il a découverts dans
l'atmosphère, on ne discuterait plus cette opinion qui
serait admise par tout le monde, et je n'aurais pas de
peine à démontrer que M. Pasteur, cet illustre savant
pour qui personne n'a plus d'admiration que moi,
n'admettait pas encore la doctrine microbienne lorsqu'il publia son livre sur la bière, qui porte la date de
1876.

» Que l'on ne dise donc plus que ma doctrine est
celle de Lister et de Pasteur, car l'idée à laquelle je
tiens le plus est celle-ci : *les ferments contenus dans
l'atmosphère d'une salle de blessés qui suppurent, en
pénétrant dans nos veines, engendrent la pyohémie;
en pénétrant dans nos vaisseaux lymphathiques, ils
donnent naissance à l'érysipèle.*

» Jamais Pasteur et Lister n'avaient rien dit de semblable, quand, au commencement de 1871, je formulai
cette idée (1). »

» On comprend donc qu'Alphonse Guérin tint autant
qu'il l'a dit à la doctrine qui l'avait inspiré. Non seu-

______

(1) Alph. Guérin: *Pansement ouaté. Origine de la doctrine
microbienne. Discours au Congrès de chirurgie, passim.*

lement elle l'avait conduit à une découverte de premier ordre, mais à la conception très nette de l'influence des germes dans les maladies chirurgicales, *alors que la doctrine microbienne n'était pas encore constituée.*

» Sans doute, nous le savons aujourd'hui d'une façon positive, l'air que tous accusaient au début, n'est pas, tant s'en faut, le véhicule principal des agents pathogènes qui arrivent à la plaie. Mais ce que nous avons appris, aussi bien au point de vue scientifique que du côté pratique, n'amoindrit pas la valeur de l'œuvre dont nous parlons.

» Les acquisitions nouvelles et précieuses que nous avons faites, la somme plus étendue de nos connaissances ne font que mieux préciser son rôle dans la révolution maintenant accomplie. Elle y a contribué dans une mesure telle que ceux qui écriront l'œuvre de la chirurgie moderne considéreront Alphonse Guérin comme l'un de ses fondateurs (1). »

Ce ne fut qu'en 1885 que le docteur Guérin fit paraître son livre *du Pansement ouaté* (2), exposé théorique et pratique de sa méthode, écrit dans un style clair et précis, d'une lecture attrayante même pour les profanes.

Il écrivait à sa femme :

« Je travaille à mon livre. Je me suis donné bien

---

(1) Dr Guyon, discours.
(2) Baillière et fils, éditeurs, in-16 avec 10 fig.

» des excuses pour ne pas le faire plus tôt. Mainte-
» nant que je suis à la besogne, je me reproche
» vivement de ne pas m'y être mis plus tôt. J'aurais
» mieux fait de négliger mes autres travaux, car je
» suis bien obligé de m'avouer que mon pansement
» n'est que fort mal connu.

» Tous mes amis me reprochent de ne pas avoir
» fait valoir ma découverte et d'avoir trop compté sur
» le temps et sur la bonne foi de mes confrères.

» J'aurais dû me mettre à l'œuvre dix ans plus
tôt. »

Aussi dans ce volume, disait-il :

» Si l'on ne m'a pas rendu justice, je n'ai pas le
droit de me plaindre, car j'ai trop longtemps érigé
en système de me faire oublier, pour que l'envie
n'empêchât pas d'adopter une idée qui devait ouvrir
une ère nouvelle à la chirurgie. Aujourd'hui je trouve
que j'ai trop bien réussi, on a pris l'idée et l'on m'a
si bien oublié, que dans un mémoire présenté cette
année (1883) pour le *prix de l'Académie de médecine* dont le sujet est : *du traitement des plaies par
la méthode antiseptique*, l'auteur n'a pas dit un mot
de moi et de mon pansement.

» C'est la lecture de ce mémoire qui m'a ouvert les
yeux. C'est à cet oubli que je devrai d'avoir enfin
revendiqué ce qui m'appartient.

» Ces questions de propriété n'intéressent pas tout
le monde ; il est pourtant utile et juste qu'elles soient
discutées et approfondies, pour que l'on ne donne

pas aux riches ce qui appartient aux pauvres (1). »

On a dit qu'Alphonse Guérin ne voulait accepter *aucune* modification à sa méthode ; c'est qu'il avait expérimenté qu'en la pratiquant *telle qu'il l'avait exposée* dans son livre, elle était infaillible et qu'il pouvait démontrer, pièces en mains, les résultats merveilleux qu'elle lui avait donnés (2).

Il y eut de longues discussions, des controverses vives dont nous trouvons la trace dans de spirituelles lettres du chirurgien breton ; mais un fait certain, c'est que, lorsque Alphonse Guérin revendiqua devant l'Académie de médecine et devant la Société de chirurgie l'invention de la doctrine microbienne, il ne rencontra aucun contradicteur et ses deux discours furent vigoureusement applaudis.

Qu'il nous soit permis maintenant d'exposer dans un chapitre spécial, traité par une plume plus autorisée que la nôtre, *la valeur* des revendications du docteur Alphonse Guérin.

(1) *Pansement ouaté.*

(2) Le docteur Guérin alla suivre à Londres la clinique de Lister, afin de se rendre compte par *lui-même*, et revint convaincu que son pansement était supérieur à celui du chirurgien anglais.

CHAPITRE VI

De la véritable origine de la doctrine microbienne.

« La question de savoir si les microbes ont ou n'ont
pas une action déterminante sur les maladies infectieuses est aujourd'hui définitivement tranchée. Les
découvertes d'Alphonse Guérin et l'immunité résultant
des virus atténués ne permettent plus de la soulever,
mais il a fallu la ténacité du chirurgien breton pour
appeler l'expérimentation sur ce point et convaincre
les plus rebelles.

L'Académie des sciences a longtemps résisté. Con-
formément au rapport du docteur Gosselin, elle n'attribuait, en 1875, qu'une influence rare, secondaire et
presque nulle aux microbes sur l'infection purulente.
Tout en déclarant que le pansement ouaté réalisait un
progrès d'une grande valeur dans la thérapeutique
des plaies, elle déclarait que des vibrions ayant été
trouvés en abondance sous le pansement défectueux
de quelques opérés, et la guérison ayant eu lieu

malgré leur présence, il fallait en conclure que l'infection purulente ne provenait pas de l'invasion de ces parasites.

Cette conclusion n'était pas logique. En effet, la filtration de l'air, si utile qu'elle parût à l'inventeur, n'était pas, seule, indispensable à ses yeux. Il avait compté beaucoup sur *la compression pour paralyser l'action des microbes*, et son efficacité a été reconnue.

Pour justifier l'opinion des adversaires de la théorie microbienne, il aurait fallu prouver que l'infection purulente se produisait en l'absence de tout microbe, — c'est ce qu'on n'a jamais fait.

Mais, je le répète, cette théorie est actuellement si bien acceptée, si populaire même, elle a produit de tels résultats qu'elle ne trouve plus de contradicteurs.

Qui doit en avoir l'honneur?

Ce n'est qu'en 1893 que le docteur Alphonse Guérin, voyant que l'opinion s'égarait sur ce point et que la légende menaçait de fausser l'histoire, s'est décidé à revendiquer ses titres.

Qu'il eût été *un précurseur* en soutenant dans sa thèse de doctorat dès 1847 et en maintenant depuis, malgré une opposition unanime, l'existence *des miasmes* ou corpuscules de l'air comme cause de l'infection purulente, c'est ce qu'on est bien forcé de lui accorder, mais il a prétendu qu'il avait été *l'initiateur* de la doctrine microbienne et cette prétention est facile à justifier.

« Empiriquement, instinctivement, pourrait-on dire,

les observateurs ont été amenés à soustraire les
plaies au contact de l'air et à employer pour les pansements les substances dites désinfectantes, antiseptiques » (1), telles que l'alcool, le camphre, l'acide
phénique. Mais il n'y a pas lieu de tenir compte d'une
pratique qui n'a rien de scientifique quand il s'agit de
rechercher l'auteur d'une théorie.

Davaine (2) seul fit, en 1850, sous le rapport théorique, des observations ingénieuses dont il est juste de
tenir grand compte. Il découvrit dans le sang des animaux atteints de la maladie charbonneuse, appelée
sang de rate, de petits corps filiformes, auxquels il
attribua un caractère pathogène, mais cette découverte laissait irrésolues bien des questions importantes.

Et d'abord, quelle était la nature des corpuscules
signalés par le savant médecin? Il déclarait qu'*ils
n'avaient point de mouvement spontané*. Ce n'étaient
donc point des animalcules. Il les avait qualifiés de
bactéries, mais sur les objections de Pasteur qui contestait cette qualification, il y avait substitué celle de
bactéridies. Il avait assimilé les filaments décrits par
lui au ferment butyrique; Pasteur l'avait encore con-
tredit sur ce point.

(1) Dr Lucas-Championnière. *Chirurgie antiseptique*, page 19.
(2) *Joseph Davaine* (1812-1882), médecin français, membre de
l'Académie de médecine, se livra à des études d'anatomie et de
physiologie comparées. Lauréat de l'Académie de médecine et de
l'Institut pour ses travaux sur les maladies charbonneuses de
l'homme.

Quelle était la cause *première* de ces corpuscules, c'est ce que Davaine ne recherchait pas. Il affirmait seulement qu'il n'y avait pas là un élément *volatil*, c'est-à-dire qu'il n'était pas apporté par l'air ambiant.

La Commission désignée en 1870 par le ministre de l'Agriculture pour rechercher la cause du charbon avait donc raison de dire, dans son rapport, que « quand on envisageait cette question dans toute son » ampleur, il y avait de quoi faire reculer les plus » hardis, qu'il était permis de penser que sa solution » dépendait du progrès que la science générale n'avait » point encore fait, et qu'en l'abordant avec les seules » connaissances et les seuls moyens qu'elle pouvait » fournir dans son état actuel, on risquait d'y perdre » son temps et sa peine (1) ».

Quant à la transmission du sang virulent provenant d'animaux contaminés, Davaine ne connaissait comme cause de contagion que les piqûres des mouches introduisant ce sang à l'aide de leurs trompes dans le corps des animaux vivants.

Si la cause *première* de la formation des bactéridies était inconnue, on ne pouvait songer à la combattre par des remèdes préventifs, et si la contagion était produite par des piqûres de mouches, deux seules précautions semblaient possibles : soustraire par l'émigration les troupeaux à l'atteinte de ces insectes et abattre les animaux malades. Il était clair,

(1) *Bull. de l'Académie de médecine*, 17 mai 1870, page 474.

en outre, que des expériences de Davaine il n'y avait
rien à induire relativement aux autres maladies infectieuses qui, évidemment, n'étaient pas causées par la
piqûre des mouches.

Aussi, avant 1881 (1), les observations du savant
docteur, qui ne visait qu'un cas particulier, n'avaient-
elles produit aucun nouveau résultat thérapeutique,
prévenu l'atteinte d'aucune maladie infectieuse, et
seraient vraisemblablement restées infécondes sans
les lumières qui vinrent, en 1871, étonner et éclairer
le monde médical, provoquer l'attention de Pasteur
et susciter les recherches qui ont fait si largement
progresser l'art de guérir.

Il y avait assurément dans les expériences intéres-
santes de Davaine, au point de vue de la doctrine
microbienne, une première donnée, mais combien insuffisante !

On était encore loin de la théorie *générale* qui
devait ressortir de la découverte d'Alphonse Guérin
constatant que les maladies infectieuses étaient dues
au *contact direct* des microbes répandus dans l'atmosphère, loin surtout des moyens employés pour les
combattre.

Il fallait attendre vingt ans pour que cette grande
révolution chirurgicale et médicale s'accomplît.

Et ce ne fut pas des idées de Davaine qu'Alphonse

(1) Date de la vaccination inventée par Pasteur au moyen des
virus atténués.

Guérin s'inspira. La théorie microbienne ne fut pour lui que le complément de sa théorie miasmatique (1).

Un autre savant, récemment décédé, et qui fut trop méconnu pendant sa vie, semble devoir obtenir plus de justice après sa mort. Je veux parler du docteur Déclat. Dès 1864, il appliquait l'acide phénique à des maladies diverses. Les bons effets qu'il en obtenait lui étaient parfois, à tort ou à raison, contestés par ses adversaires, notamment quand il prétendait guérir le cancer, mais il pouvait, à bon droit, revendiquer quelques cures dont ses collègues ne doutaient que parce qu'elles paraissaient défier l'art de guérir.

Ce traitement, il le fondait sur la supposition que les maladies infectieuses sont, comme l'avait dit le docteur Alphonse Guérin dans sa thèse de 1847, « pro-» duites par des miasmes délétères suspendus dans » l'air et absorbés par les organes respiratoires »; il ajoutait, et ceci est remarquable, que « les *miasmes* » ne peuvent être que des ferments, c'est-à-dire des » êtres microscopiques, mais vivants et désorganisa-» teurs (2) ».

Toutefois, ce n'était là de sa part qu'une hypothèse. L'avenir, il est vrai, devait la confirmer, mais il n'avait rien fait pour la vérifier lui-même. Une telle vue n'était, comme Pasteur l'avait fait observer à

(1) Voir la communication du 23 mars 1874 faite par Alph. Guérin à l'Académie des sciences.

(2) *L'acide phénique*, par Déclat, 1865, page 128. — *Gilbert Déclat*, médecin français, né en 1827, mort en 1896.

l'égard de Davaine, qu'une impression de *sentiment*.
La vérité est que Déclat n'avait recherché ni observé
les microbes dans les maladies qu'il traitait et, faute
de démonstration scientifique, il n'a pas échappé au
reproche d'empirisme.

Or, la doctrine microbienne ne consiste pas à
affirmer *sans preuve* l'action nocive des microbes,
elle veut une expérimentation positive et de plus le
moyen de *prévenir* les maladies dont ils sont la
cause.

Rien de tout cela ne peut être mis au compte de
Déclat.

Son intuition est celle d'un homme supérieur, mais
lui-même a senti combien elle était incomplète puisqu'après avoir déclaré qu'on pouvait combattre avec
efficacité l'action des ferments, même lorsqu'ils
sont entrés dans notre économie, il ajoutait : « On
» trouvera peut-être plus tard la manière d'arrêter
» leur introduction dans nos organes (1). »

Là était le problème, et ce n'est pas lui qui l'a
résolu. Comme préservatif, il se borne à conseiller
des vaporisations d'acide phénique dans les apparte-
ments, c'est-à-dire le *Spray*, dont Lister a reconnu
plus tard l'insuffisance et auquel il a renoncé en faisant acte de contrition.

Il n'a pas été délaissé par lui seul, à cause des
dangers qu'il présente et, si Déclat vivait encore, il

(1) *L'acide phénique*, 1865, page 122.

n'aurait peut-être plus la même confiance dans un remède auquel il attribuait tant de vertus.

A défaut de Davaine et de Déclat, la priorité de la découverte appartiendrait-elle à Pasteur ou à Lister?

En 1865, Pasteur signalait bien l'existence des corpuscules dans la maladie des vers à soie, mais quelle en était, suivant lui, la nature? Etaient-ce des microbes?

Voici, à cet égard, comment il formulait son opinion :

« J'aurais désiré pouvoir traiter ici de la *nature des*
» *corpuscules*, mais ce sujet mérite des observations
» plus étendues que celles que j'ai pu faire. Cepen-
» dant je me hasarde à dire que mon opinion présente
» est que les corpuscules ne sont *ni des animaux ni*
» *des végétaux*, mais des corps plus ou moins analo-
» gues aux granulations des cellules cancéreuses ou
» des tubercules pulmonaires. Au point de vue d'une
» classification méthodique, ils devraient être rangés
» plutôt à côté des globules du pus ou des globules
» du sang, ou bien encore des granules d'amidon
» qu'auprès des infusoires ou des moisissures (1). »

Cette citation suffit.

Dans le cours de la même année 1865, Pasteur se chargeait de présenter à l'Académie de médecine un mémoire des docteurs Le Plat et Jaillard, qui niaient l'action des prétendues *bactéridies* observées par

(1) *Bull. de l'Académie de médecine*, année 1865.

Davaine dans le sang des animaux charbonneux.
Nous avons dit les critiques qu'il avait formulées lui-
même. Toutefois, il refusait de se prononcer sur la
corrélation entre les corpuscules signalés et la maladie. Il inclinait seulement à l'admettre par une raison de *sentiment*, mais, ajoutait-il, « *le sentiment
n'est rien*, les preuves sont tout ».

Ses idées sur l'action des microbes étaient si peu
arrêtées qu'appelé, dans la séance de l'Académie des
sciences du 19 janvier 1875, à donner son opinion sur
le pansement ouaté, il s'exprimait ainsi :

« J'approuve aussi complètement que ma compé-
» tence me le permet, *les opinions et les conclusions
» si autorisées* du savant rapporteur de la Commis-
» sion — hostile on l'a vu à la doctrine microbienne. »

Il ajoute :

« Je reviens maintenant au rapport de M. Gosselin
» et au pansement ouaté soumis au jugement de l'Aca-
» démie. Le rapport constate que ce mode de panse-
» ment est un *progrès chirurgical d'une grande
» valeur*. Sur ce point, les chirurgiens de la Commis-
» sion ont été *unanimes*; le rapport, et *avec raison*,
» fait seulement *des réserves* sur la *théorie* de M. Al-
» phonse Guérin. Ce n'est pas que tous les membres de
» la Commission ne soient bien convaincus de l'utilité
» très grande qu'il peut y avoir à ce qu'une plaie ne
» soit pas en contact avec *des matières en putréfac-
» tion* remplies d'organismes microscopiques de
» diverse nature, mais autre chose est une *induction*,

6.

» autre chose des *preuves positives*. La Commission
» n'a pas jugé que les expériences de M. Alphonse
» Guérin étaient assez nombreuses et démonstratives
» pour établir la part d'influence respective qu'il faut
» pour attribuer *à la présence ou à l'absence des êtres
» organisés développés à la surface des plaies* et
» autres avantages *considérables* du nouveau mode
» de pansement énumérés avec tant d'autorité dans
» le lucide rapport de M. Gosselin. Toutefois il sem-
» ble facile de répondre à tous les *desiderata* de la
» *théorie de M. Guérin.* »

La théorie de M. Guérin : c'est-à-dire la théorie microbienne — elle n'appartient donc pas à Pasteur,
sans cela, il dirait : « Mais cette théorie, c'est la
mienne. » Il se contente d'indiquer quelques moyens
pour la vérifier et assurer l'efficacité du pansement :

« En premier lieu, je voudrais que le pansement fût
» fait avec toute la rigueur qu'exigent *les idées mêmes*
» de M. Alphonse Guérin. »

Dans une étude sur la maladie charbonneuse lue
par Pasteur à l'Académie des sciences, le 30 avril
1877, on trouve le passage suivant :

« Les effets parfois *surprenants* des pansements
» célèbres du docteur Lister et de M. Alphonse Guérin
» ne reçoivent pas de ceux qui en sont les plus parti-
» sans une explication conforme à celles qu'en don-
» nent les auteurs mêmes de ces pansements.

» Pour ce qui est du pansement de M. Alphonse
» Guérin, l'Académie en a eu la preuve dans le *rap-*

» *port* que lui fit en 1875 notre savant confrère,
» M. Gosselin.

» Ces questions *se compliquent* encore lorsqu'on
» les envisage à un autre point de vue. La question de
» la génération spontanée s'est transportée, en effet,
» dans le domaine médical, surtout en ce qui concerne
» les maladies contagieuses. Un membre de l'Acadé-
» mie de médecine écrivait naguère : « La maladie est
» en nous, de nous, par nous. » Tout serait donc
» spontané en pathologie. Une autre école proclame,
» au contraire, que beaucoup de maladies sont néces-
» sairement transmises. Quel intérêt immense n'y au-
» rait-il pas à sortir de ces *incertitudes!*

» Depuis longtemps je suis tourmenté du désir
» d'aborder l'examen de quelques-uns des graves *pro-*
» *blèmes* que soulèvent *les doutes* qui précèdent, mais
» *étranger aux connaissances médicales et vétéri-*
» *naires*, j'ai hésité jusqu'à présent par la crainte de
» mon *insuffisance*. Il me fallait, en outre, un colla-
» borateur courageux et dévoué, que j'ai trouvé heu-
» reusement dans un de mes anciens élèves de l'Ecole
» normale, M. Joubert. »

Ainsi Pasteur a hésité jusqu'en 1877 à aborder le
grave *problème* de *l'action des microbes en matières
médicales et vétérinaires*, parce qu'il sentait son in-
compétence et la difficulté de trancher *les doutes*, les
incertitudes que présentent ces questions controver-
sées. Comment donc admettre qu'il ait précédé Al-

phonse Guérin, dont la doctrine si nette remonte au mois de décembre 1870?

Enfin s'il avait des titres antérieurs, pourquoi, sommé de les présenter en 1893, lors des revendications du docteur Alphonse Guérin formulées devant l'Académie de médecine et la Société de chirurgie, aux applaudissements de ces deux assemblées, s'est-il, ainsi que ses amis, abstenu de toute réponse?

Pasteur jouit légitimement d'une assez grande gloire pour qu'on ne dépossède pas, à son profit, les autres inventeurs de la part qui leur revient. Le public, trompé par l'éclat de ses services, va jusqu'à lui attribuer la découverte des microbes [1], comme s'ils n'étaient pas connus depuis l'invention du microscope au xviiie siècle. La vérité est qu'il a découvert leur rôle dans la fermentation et qu'il y a eu là pour le docteur Guérin un indice qu'il a reconnu, de même qu'il s'est servi de la filtration de l'air employée par Pasteur pour un autre usage, mais il y a loin de la constatation des ferments de la bière et du vin, par exemple, à celle de l'action des microbes dans les maladies contagieuses de l'homme. La gloire de cette invention lui échappe, mais il a su, ainsi que son école, l'utiliser d'une manière merveilleuse par les vaccins dont lui et ses élèves se sont servis pour prévenir ou combattre les maladies parasitaires; c'est ce qui lui a valu, à juste titre, la popularité qu'il

(1) C'est le Dr *Sédillot*, membre de l'Institut, qui a donné le nom de *microbes* aux bactéries (*mikros*, petit; *bios*, vie).

a obtenue et la reconnaissance du monde entier.

Quant à Lister, sa science et son habileté chirurgicales sont incontestables, mais il est permis de penser que sa qualité d'étranger n'a pas peu contribué à la réputation qu'il a conquise en France. Un étranger ne saurait être considéré comme un rival, tandis qu'un compatriote est souvent un concurrent qu'on redoute et qu'on envie.

Longtemps avant le chirurgien anglais, on employait les antiseptiques, notamment le camphre et l'alcool, mais on agissait *empiriquement* sans se douter de l'action nocive des microbes (1). Lui-même, s'il faut en croire certains chirurgiens, ne procédait pas autrement lorsqu'il employait l'acide phénique, dont Déclat avait fait usage bien avant lui (2). Ce qu'il combattait, c'était *la putréfaction*, sans en connaître positivement la cause (3). Il penchait, il est vrai, pour une cause microbienne, au dire de l'importateur de sa doctrine en France, le docteur Lucas-Championnière, mais ainsi que le disait celui-ci, en réponse aux critiques du docteur Perrin, il n'avait pas plus que lui « AFFIRMÉ *nulle part la théorie des germes*; il avait « même, ajoute l'orateur, fait cette *réserve* que l'on « peut donner une interprétation autre, *une théorie* « *chimique* de son pansement (4) ».

(1) Dr Lucas-Championnière.
(2) Émile Gautier.
(3) Voir le livre du *Pansement ouaté*.
(4) *Discours à la Société de chirurgie*, séance du 19 février 1879.

Osera-t-on, après cela, soutenir que cette foi silencieuse, indécise, a été le signal de la révolution microbienne, qui a imprimé de si rapides progrès à la chirurgie et à la médecine ?

En ce qui touche l'antériorité des pansements proprement dits du chirurgien anglais et du chirurgien français, c'est une question à laquelle il n'y a pas lieu de s'arrêter. Il est constaté que les deux inventions ont été parallèles et que les deux inventeurs n'ont rien emprunté l'un à l'autre. Pasteur l'a formellement déclaré dans une lettre adressée au docteur Guérin. Ces pansements diffèrent d'ailleurs notablement dans leurs modes.

Ce qui n'a pas peu contribué, outre la manie de *cosmopolitisme* (1) qui règne chez nous, à la vogue du chirurgien d'Edimbourg, ce fut la négligence que mit le docteur Alphonse Guérin à publier les instructions nécessaires à la pratique de son excellente méthode ; c'est en 1885 seulement qu'il les a données dans son livre *du Pansement ouaté* ; or, dans cet intervalle, beaucoup de chirurgiens, autres que ceux qui approchaient l'inventeur, se sont livrés à des essais infructueux qui les ont découragés. De là la réputation qui s'est attachée au pansement Lister importé par le chirurgien distingué qui en a révélé tous les détails.

(1) Expression du Dʳ Desprès, *Bull. de la Société de Chirurgie*, page 245, année 1879.

Ce pansement n'était pas cependant de nature à donner pleine satisfaction. Lister l'a reconnu lui-même, puisqu'au Congrès de 1890, il déclarait qu'*il avait honte* d'avoir employé *la pulvérisation* ou *spray*, partie cependant importante de sa méthode (1). Plus tard il a constaté les dangers que présente l'usage de l'acide phénique et il l'a remplacé par le sublimé corrosif, auquel il se verra peut-être bientôt obligé de renoncer. On commence à s'inquiéter des réactions inflammatoires qui suivent parfois l'emploi des antiseptiques et l'on tend à revenir aux moyens aseptiques, qui sont ceux préconisés par le docteur Guérin. Voici, en effet, comment le docteur Terrier s'exprime à ce sujet :

« On en est venu à douter de la valeur réelle des antiseptiques, déjà on contestait absolument leur action sur les spores, or cette insuffisance entraînait fatalement une efficacité notablement amoindrie de leur action, ... de plus cette action réellement utile fut regardée comme très superficielle.... et modifiant bien peu profondément les tissus imprégnés des éléments septiques, alors même que ceux-ci sont des éléments microbiens bien développés et non des spores.

»....On constatait, en outre, que lorsque les antiseptiques sont assez énergiques pour détruire ou même simplement modifier la vitalité des microbes, ils agis-

(1) *Semaine médicale* du 10 août 1890. 10° congrès international des sciences médicales. Séance du 4 août.

saient aussi sur les tissus sains et pouvaient même les compromettre d'une façon sérieuse.

» Mais les substances dites antiseptiques ont encore d'autres actions, presque toutes nocives : absorbées par les réseaux sanguin ou lymphatique, elles déterminent des intoxications, ...enfin leur élimination par l'appareil rénal peut déterminer dans les reins des lésions d'une gravité absolument exceptionnelle. La fréquence si grande des urines noires, au temps de l'antisepsie listérienne, en était une preuve indubitable.

» En somme, les accidents dûs à l'usage et souvent à l'abus des antiseptiques étaient fréquents et étaient dangereux. On s'est donc efforcé de les amoindrir et pour cela on a d'abord diminué la dose des substances utilisées, puis peu à peu, et on peut dire tout naturellement, des chirurgiens, et je suis du nombre, ont été conduits à les abandonner en grande partie et à utiliser presque exclusivement *l'asepsie* (1) qui, elle au moins, ne présente aucun danger (2). »

La prédiction de l'éminent docteur Lucas-Championnière paraît donc devoir se réaliser bientôt. Aux obsèques d'Alphonse Guérin, il *précoyait un prochain retour à la méthode puissante inaugurée à l'hôpital Saint-Louis par un inspirateur de génie.*

---

(1) Or, le pansement ouaté est un pansement *aseptique* puisqu'il agit mécaniquement, sans emploi de substance antiseptique.

(2) 10e Congrès de Chirurgie, 19 octobre 1896, discours de M. Félix Terrier, président.

Le docteur Guérin n'a pas hésité, lui, *à affirmer,* dès 1871, et le docteur Terrier, son élève, se fit alors l'écho de son enseignement, que l'infection purulente et l'érysipèle avaient pour cause *l'action des microbes* répandus dans l'air ambiant. « Gare aux microbes ! » Le microbe, voilà l'ennemi ! » Tel fut son cri de guerre, et ce fut lui qui livra le premier combat. Les docteurs Guyon et Paul Reclus ont décrit l'émotion que causa la découverte géniale du grand chirurgien, l'étonnement que produisirent les premières applications qu'il en fit.

Tous les opérés succombaient dans les hôpitaux de Paris. Nélaton, *sur soixante-dix n'en avait pu sauver un seul,* et il s'écriait qu'il faudrait élever *une statue d'or* à celui qui trouverait le moyen de prévenir l'infection purulente. Les chirurgiens, désespérés, parlaient de renoncer à des opérations qui ne faisaient que hâter la mort.

Ce fut alors qu'on apprit qu'Alphonse Guérin avait conservé la vie à tous les opérés qu'il avait pansés lui-même ; un petit nombre seul avait péri, soit entre les mains d'élèves encore inexpérimentés, soit dans la salle de médecine, où on avait été forcé de les placer à cause de l'encombrement et où la surveillance du chirurgien n'avait pu s'exercer.

Ceci se passait dans le milieu le plus contaminé, et l'on n'était qu'au début ! L'avenir devait prouver que la méthode est infaillible quand on suit les instructions de l'inventeur.

La supériorité de la doctrine du docteur Alphonse Guérin se manifestait donc d'une manière éclatante par ses résultats pratiques et la fécondité de son principe devait s'accuser par les merveilleux travaux de Pasteur, qui en ont été la suite. Cette supériorité, elle la conserve et nulle autre ne lui est comparable, soit en cas de plaies par écrasement qu'elle guérit sans amputation, soit sur les champs de bataille de l'aveu des hommes compétents (1). Elle a, du reste, fait ses preuves dans les guerres russo-turque et gréco-turque, ainsi qu'on l'a dit plus haut.

Le pansement ouaté ayant été le point de départ de la révolution accomplie dans l'art de guérir, concluons en disant, avec le docteur Verneuil, qu'il a été la plus importante découverte chirurgicale du XIXᵉ siècle. »

F. G.

(1) Drs Guyon, Lefort, Reclus, Le Mitouard, Védrennes.

CHAPITRE VII

Dernières découvertes et derniers travaux.

Nous avons vu que le docteur Guérin écrivait à sa
femme, à propos de son dernier livre : « J'aurais dû
» négliger mes autres travaux. » C'est qu'en effet, il
ne s'était pas arrêté dans la voie des découvertes à
celle de la doctrine microbienne. Le 13 août 1872, il
écrivait à M⁰⁰ Guérin :

« Hier, j'ai déposé à l'Institut le pli cacheté que tu
» m'avais fait écrire il y a plusieurs années. Je vais
» reprendre mes expériences pour les publier. Je
» compte toujours sur une grande surprise de la part
» du public, quand je ferai connaître ma découverte. »
Quelques jours plus tard :

« Hier, j'ai passé trois heures au Jardin des Plantes
» pour répéter mes expériences sur la communauté
» du sang dans le laboratoire de M. Claude Bernard,
» dont l'aide naturaliste assistait et prenait part à mes
» expériences, qui l'ont beaucoup étonné, ainsi que

» M. Balbiani, un savant qui étudie les *pucerons* et
» s'occupe de physiologie. Les chiens sont restés qua-
» rante-cinq minutes en communauté de circulation.
» Au bout d'un certain temps, le sang se coagule dans
» les tubes et cette coagulation met un terme à l'expé-
» rience, mais je crois que j'ai trouvé le remède à
» cela. »

Le 7 septembre, nouvelle lettre, datée de Bordeaux :

« Je suis venu ici, avec la pensée que je traiterais
» du pansement ouaté, mais le Doyen de la Faculté
» de médecine, qui est un des organisateurs du con-
» grès, ayant connu ma découverte sur *la transfusion*
» *réciproque du sang*, m'a fait inscrire pour parler
» dans une séance générale.

» Comme je n'avais plus un public médical pour
» composer mon auditoire, je ne pouvais pas parler
» de pansement. Je me suis donc exécuté et j'ai parlé
» pendant trois quarts d'heure environ de ma décou-
» verte. On m'a interrompu pour m'applaudir et les
» applaudissements ont recommencé quand j'ai quitté
» la tribune. J'ai reçu de nombreuses félicitations, j'ai
» donc bien fait de venir. »

Il s'agissait de la première session de l'*Association*
française pour l'avancement des sciences, congrès
tenu à Bordeaux en septembre 1872, et d'une nouvelle méthode de transfusion du sang que le docteur
Guérin appelait la *communauté de circulation*.

« L'auteur commence par déclarer que sa méthode

offre quelques analogies avec la transfusion du sang, mais qu'elle en diffère aussi.

» Dans un court aperçu historique, il rappelle les discussions ardentes qui, il y a deux siècles, divisèrent les transfuseurs et leurs adversaires, ainsi que la défense faite aux premiers d'appliquer leur système. Il passe ensuite au mécanisme de la transfusion et à sa théorie. On ouvre la veine d'un moribond, on y injecte le sang d'un sujet vigoureux. La pratique a des difficultés. Il faut s'être servi bien rarement des instruments spéciaux pour ignorer combien il est facile d'injecter un peu d'air. Or, ce peu d'air, c'est la mort instantanée ou presque immédiate. D'un autre côté, le sang veineux a une grande tendance à la coagulation, or, un caillot arrête le cœur et la respiration. On défibrine le sang, il est vrai, mais il ne suffit pas de donner un sang qui ne tue pas, et quoique les globules soient seuls indispensables à la vie, on ne peut nier que la fibrine dissoute ne soit utilisée par les tissus. Il ne faut pas oublier non plus que ce sont un cœur et des poumons malades — ou affaiblis — qui sont chargés d'élaborer un sang impropre à la vie, d'opérer sa combustion, de le répandre dans l'être tout entier, et cela subitement.

» On a songé à aboucher une artère à une veine, mais le sang, déjà transformé, arrivait inutilement dans le poumon, aussi les animaux mouraient.

» M. Guérin abouche une artère à une artère. Il divise les artères similaires chez deux animaux et fait communiquer, au moyen d'un tube en caoutchouc, le bout central de l'artère de l'animal vigoureux avec le bout périphérique de l'artère de l'animal malade. Mais celui-ci va tout à coup recevoir trop de sang et mourir pléthorique. Pour y obvier, M. Guérin relie par un second tube en caoutchouc, le bout périphérique de l'artère de l'animal vigoureux au bout central de l'artère du moribond, il obtient ainsi, suivant son expression, deux jumeaux qui se tiennent par le système artériel et qui se donnent réciproquement leur sang à l'aide d'une sorte de chiffre 8. On peut, de cette manière, faire passer littéralement tout le sang d'un animal dans le système de l'autre et réciproquement, il y a donc véritablement communauté du sang.

» En fouillant les documents, M. Guérin n'a rien trouvé qui ressemble à ses expériences; celles de M. Brown-Séquard en diffèrent en ce que la communication entre les deux artères se fait au moyen d'un tube en T qui porte le sang chez l'animal malade, en sens contraire du courant sanguin aussi bien que dans le sens de ce courant. Aussi le jeu des valvules ne tarde pas à être enrayé, et le cœur lui-même a cessé de battre.

» Les expériences de M. Guérin n'ont été faites que sur des animaux; elles ont toutes pleinement réussi. Il n'y a point à redouter la formation de caillot; quant à l'introduction de l'air, M. Guérin croit que les artérioles ne se prêtent que très difficilement à son passage dans les veines.

» M. Alphonse Guérin pense que cette méthode peut parfaitement être applicable à l'homme. On pourrait ainsi transfuser sur l'homme malade une quantité variable du sang d'un homme sain. Quant à trouver une personne qui serait assez dévouée pour donner du sang, cette personne existe. M. Alphonse Guérin est prêt à donner son propre sang, et il pense que d'autres suivraient, au besoin, son exemple (1). »

On lui objectait qu'on ne consentait guère à donner un bon sang pour un mauvais, à quoi il répondait qu'il ne s'agissait pas de communiquer un sang *vicié*, mais un sang faible et que celui qui le donnerait, s'il était doué d'un bon estomac et d'une bonne poitrine, aurait bien vite éliminé ce qu'il aurait reçu de défectueux.

Alphonse Guérin, dans son amour pour l'humanité souffrante, s'était senti pris d'un grand enthousiasme pour cette théorie en pensant qu'il pourrait ainsi prolonger la vie humaine, rendre les forces, restaurer une personne complètement anémiée, rajeunir même un vieillard par l'infusion d'un sang jeune et vigoureux !

« Nous ne savons ce que l'avenir réserve à cette méthode, écrivait Louis Figuier, mais nous ne pouvons nous empêcher de reconnaître qu'elle a quelque chose de saisissant par sa nouveauté et son origina-

(1) *Gazette médicale*, p. 448, année 1872 ; id., p. 280, année 1874.

lité. Sans vouloir devancer par un enthousiasme qui serait d'ailleurs fort excusable, les résultats que l'observation et la pratique fourniront, il est permis de voir dans la méthode nouvelle du chirurgien de Paris une de ces découvertes qui font naître les plus vives espérances (1) ».

Quelques jours seulement avant sa mort, Alphonse Guérin se préoccupait encore de répéter les expériences dont il avait été l'initiateur sur ce mode de transfusion (2). Si ce n'était qu'un rêve — et cela n'est pas vraisemblable — l'avenir le dira.

Le docteur Guérin continuait aussi de professer. Voici comment il rend compte à Mme Guérin de son début à l'Hôtel-Dieu :

« Je viens de faire ma première leçon à l'Hôtel-
» Dieu. Mon amphithéâtre était rempli. On m'a com-
» plimenté. On complimente toujours, mais j'ai pro-
» fessé en bons termes et j'ai parlé pendant une
» heure et quart, sans avoir une minute d'hésitation.
» J'aurais été content d'un autre, si je l'avais entendu
» faire ma leçon, mais on peut s'illusionner. Enfin, je
» suis content. Cela m'encouragera. J'ai grand besoin
» d'être encouragé, car je trouve très dur de passer
» toutes mes soirées à écrire et à lire comme si je
» préparais un concours. »

C'est en 1878 qu'il fit paraître le second volume de

(1) *Année scientifique*, 1872.
(2) *Tribune médicale*, 27 février 1895.

ses leçons sur les maladies des femmes, nous l'avons déjà mentionné.

En 1879, Alphonse Guérin, atteint par la limite d'âge, quitta l'Hôtel-Dieu avec le titre de chirurgien honoraire des hôpitaux. Voici en quels termes il lui fut conféré :

« Paris, 17 janvier 1879.

» Mon cher et bien regretté Collègue,

» Je me suis empressé de communiquer hier au » Conseil de l'Assistance publique, qui était presque au » complet, votre aimable lettre. En vous conférant » l'honorariat à l'unanimité, tous nos collègues m'ont » chargé de vous exprimer tout spécialement les vifs » regrets qu'ils éprouvent à se séparer d'un éminent » collègue qui a fait faire de si grands pas à la science » chirurgicale et d'un ami dont ils avaient apprécié » pendant de longues années toute l'aménité et toute » la bienveillance.

» Permettez-moi en ce qui me concerne de joindre » mes plus affectueux regrets à ceux qui vous accom-» pagnent et de vous dire que je serai toujours heu-» reux du titre d'ami que vous voulez bien me donner.

» A revoir donc, mon cher Collègue, et bientôt, » j'espère, en attendant les mondes meilleurs qui nous » attendent l'un et l'autre, je veux l'espérer.

» Croyez, en attendant, à toute la sincérité de mon » affection.

» Henry DAVILLIER,
» Vice-Président du Conseil de l'Assistance publique. »

7.

Alphonse Guérin disait une fois : « Quand j'aurai
» pris ma retraite, je compte bien passer l'hiver en
» Italie ou à Alger. » Bien au contraire, ce moment
venu, il semble qu'il ait voulu profiter des loisirs que
lui laissait cette retraite pour se livrer à des recherches anatomiques et physiologiques, et il donna dans
les dernières années de son existence un rare
exemple d'amour du travail et du labeur. Il n'aimait
même pas qu'on crût qu'il renonçait à sa clientèle
et à la pratique opératoire. « Aussi cette période de
sa vie, qui d'ordinaire est celle du repos, fut-elle
féconde, ses publications furent nombreuses. Il com-
muniquait à l'Académie des sciences les résultats de
dissections particulièrement délicates. C'est en juillet 1893 qu'il lisait, devant l'Académie de médecine,
sa très importante note sur *l'action des réflexes na-
saux sur l'arrêt du cœur pendant la chloroformisation* (1). »

Dans cette note, il préconisait d'une façon absolue
l'administration du chloroforme par la bouche et non
par le nez, et il appuyait son opinion par des faits
concluants et des expériences de laboratoire faites en
collaboration avec le docteur Laborde.

Au mois de novembre de la même année, il fit paraître l'*Origine de la doctrine microbienne* (2) ; dans

(1) Dr Guyon, discours.

(2) *Origine de la doctrine microbienne.* — Extrait de la *Gazette
des Hôpitaux* du 21 novembre 1893; brochure in-8°; Levé, im-
primeur.

cette communication, lue à la Société de chirurgie, il commençait ainsi :

« Je viens aujourd'hui faire acte de contrition. Au dîner de notre cinquantenaire, mon ami Verneuil m'a reproché d'avoir abandonné la Société de chirurgie, je tiens à dire pourquoi : il aurait eu raison de me faire sentir sa férule si j'étais, comme lui, doué d'un savoir exubérant qu'il est utile de répandre. Malheureusement, il n'en est pas ainsi, et je crois que notre Compagnie n'a pas besoin de moi pour continuer l'œuvre de progrès à laquelle collaborent de jeunes chirurgiens à qui je n'ai pas grand'chose à apprendre.

» M. Verneuil m'eût peut-être pardonné s'il avait su que le vieux chirurgien qu'il réprimandait rend hommage à la Société, en allant à l'hôpital demander à quelques-uns de ses membres de lui apprendre à pratiquer, par les nouveaux procédés, la cure radicale des hernies, l'hystérectomie par morcellement, etc.; on apprend ainsi à juger et à opérer plus sûrement qu'en entendant des discours.

» Les vieux, toujours tentés de croire qu'ils ont dit le dernier mot de la science, sont disposés à juger sévèrement les vérités nouvelles. Si je m'étais contenté de venir ici, j'aurais pu ne pas être indulgent.... »

Arrivant à l'objet de sa communication, il disait :

» Personne n'est aussi mal doué que moi pour la vulgarisation d'une idée.... Vous devinez bien que c'est de l'origine du pansement ouaté que je veux

vous entretenir. Soyez indulgent; je suis arrivé à cet
âge maudit où l'on ne craint pas de se répéter, au
risque de ne pas être amusant. Pensez aussi que, en
me répétant, je ne fais que me dédommager d'un
silence que, plus d'une fois, j'ai eu l'occasion de
rompre. »

Au mois de décembre 1893, à la séance annuelle
de l'Académie de médecine, il fit l'éloge du docteur
Trélat (1). Cette étude, remplie de hautes pensées,
nous a fourni plusieurs citations, car dans bien des
passages, Alphonse Guérin, en traçant le portrait de
son éminent collègue, semble avoir écrit le sien.

Il continua jusqu'aux derniers jours cette vie militante, présidant des concours, assistant aux congrès,
faisant des conférences (2), soignant et opérant
presque à la veille même de sa mort, et il avait
soixante-dix-huit ans !

« Le zèle du travailleur ne s'était pas ralenti, l'ardeur du savant ne s'est jamais éteinte (3). »

Alphonse Guérin, qui avait été président de la Société de chirurgie en 1870, président de l'Académie
de médecine en 1884 (4), aurait aisément pu préten-
dre entrer à l'Institut; il y pensa certainement, nous

(1) *Éloge du Dr Ulysse Trélat*, par Alph. Guérin. G. Masson,
éditeur.

(2) Entre autres : *Les pansements modernes*, conférence faite
à l'Association des Dames Françaises. Brochure in-8° de 20 pages,
1888.

(3) Dr Guyon, discours.

(4) Élu par 69 voix sur 78 votants, « élection exceptionnelle »,

en trouvons la trace dans sa correspondance intime.

« Je croyais, ma chère Anaïs, t'avoir dit que je
» n'avais pas continué mes visites pour l'Institut. On
» a fait un rapport sur mes titres, mais je n'ai pas
» envoyé la lettre de candidature. J'ai été humilié du
» rôle de solliciteur de voix et j'ai abandonné la partie.

» Je me suis bien présenté jusqu'à quatre fois chez
» deux membres de l'Académie, sans pouvoir les
» voir, ceux que j'ai vus me déclaraient tous qu'ils ne
» sont pas compétents.

» Ces nominations se font par camaraderie ; ayant
» peu d'amis et ne faisant rien pour entrer dans les
» petites églises qui font les grands hommes, je suis
» rentré sous ma tente, aimant mieux y rester la tête
» haute, que d'acheter les palmes vertes par des
» démarches dont ma dignité souffrait.

» Le débat se passera entre Richet et Brown-Sé-
» quard qui est américain et professeur de physio-
» logie au Collège de France. Quel que soit celui qui
» sera nommé, je t'assure que mon amour-propre
» n'aura pas à en souffrir (1). »

« Voici mon pauvre ami Gosselin qui a rendu son
» âme à Dieu. Il était presque du même âge que moi,
» il était né, je crois, un an ou deux avant moi. Sa
» succession va être ouverte à l'Institut, mais je ne
» me donnerai pas la peine et l'humiliation de me
» présenter chez les soixante-dix membres dont il

(1) Lettre du 4 mai 1883.

» faut conquérir les suffrages. A mon âge, je souf-
» frirais d'avoir à frapper aux portes de gens qui, en
» leur qualité d'astronomes, de géomètres, chimistes,
» physiciens, etc., ne sont pas obligés de savoir qui
» de leurs contemporains a fait progresser la science
» de la chirurgie (1). »

Il n'entra pas à l'Institut. L'Académie des Sciences
lui décerna, du moins, le prix Montyon en 1875, et le
prix Godard en 1879, pour les progrès réalisés par
lui dans l'art chirurgical.

(1) Lettre à Mme Guérin, 1er mai 1887.

CHAPITRE VIII

Elèves et malades.

« Son exceptionnelle habileté et son savoir avaient
fait conquérir à Alphonse Guérin un des premiers
rangs parmi ses contemporains (1). » On s'inclinait
devant son diagnostic comme devant son talent opératoire.

Il aimait beaucoup ses élèves internes et externes :
« Il n'était pas pour eux d'une indulgence coupable,
s'il avait un dévouement qui ne se démentait jamais,
il savait reprocher les fautes, les négligences, et
donner l'exemple de la pitié pour les malades (2). »
Aussi tous auraient-ils pu dire comme l'un d'eux :

« Sa réputation de chirurgien et de professeur
» m'avait attiré, son extrême bonté m'avait retenu et
» ces deux années passées près de lui m'ont valu, en

(1) Dr Guyon.
(2) *Eloge de Trélat*, par Alph. Guérin.

» dehors de quelques succès professionnels, de fré-
» quents témoignages de la bienveillance qu'il m'avait
» gardée (1). »

S'il les associait à ses travaux, il tenait à ce qu'on
sût la part qu'ils y avaient prise, hautement il la pro-
clamait.

« Je conserve précieusement le témoignage que
» vous m'avez donné (lui écrivait celui de ses internes
qui avait publié les premiers résultats du pansement
ouaté) et je serai toujours fier de la part d'honneur
» que vous avez bien voulu me donner dans vos im-
» portants travaux (2). »

Alphonse Guérin suivait de sa protection jusque
dans d'autres villes ceux qu'il avait dirigés, et l'on
s'empressait de lui annoncer leurs succès :

« Mon cher Maître,

» Je suis très heureux de vous apprendre le succès
» de Le Mitouard qui, dans sa thèse, a brillamment
» défendu votre pansement et votre doctrine.

» Vous avez été, mon cher Maître, le grand initia-
» teur de la méthode antiseptique, il appartenait à un
» de vos élèves de le rappeler, à une époque où l'on
» oublie trop ce qui a été fait en France, et ce qui est
» la gloire de la chirurgie française, pour en faire don
» à l'étranger.

(1) Dr P. Lambry.
(2) Lettre du Dr Hervey, 31 décembre 1891.

» Le jury a donné à Le Mitouard la meilleure note :
» très satisfait.

» Veuillez agréer, mon cher Maître, l'assurance de
» mes respectueux et tout dévoués sentiments.

» P. PONCET (1). »

Quand le docteur Guérin avait de nouveaux internes
dans son service, il les invitait chez lui pour mieux
les connaître et leur offrait une réception toute
paternelle :

« Amusez-vous, mes enfants, disait-il, Madame
» Alphonse n'est pas là. » Ce qui signifiait qu'ils pouvaient prendre leurs bruyants ébats dans toutes les
pièces de la maison.

Parfois, emporté par la vivacité de son caractère,
il lui arrivait de les apostropher d'une manière assez
rude, parce qu'au cours des interventions graves
(surtout avant qu'on pratiquât la chloroformisation)
« il était agité et nerveux, et manifestait son émotion
par une brusquerie quasi-professionnelle chez les
chirurgiens d'avant l'anesthésie (2) ». Nous avons
raconté comment, au début de son internat, il eut
une escarmouche avec Jobert de Lamballe et comment aussi la même scène — les rôles retournés cette
fois — se passa trente ans plus tard à l'hôpital Saint

(1) Dr Poncet, de Lyon, 24 janvier 1892.
(2) Dr P. Reclus.

Louis, mais ses élèves sentaient bien, quand même, qu'ils étaient suivis et aimés véritablement.

« Il invitait les jeunes gens, étudiants ou littérateurs, à venir le voir, leur donnant des conseils, suivant le diagnostic qu'il faisait de leur état d'esprit. Et les jeunes gens s'en allaient tout réconfortés et charmés, presque surpris que ce vieillard très savant, qui avait atteint l'apogée de sa carrière, s'intéressât si paternellement à leurs débuts. Il savait, au besoin, prononcer le mot utile ou faire une démarche, sans qu'on eût osé solliciter son intervention. Il a fait beaucoup de bien de cette manière (1). »

Épargner la souffrance fut toujours la préoccupation d'Alphonse Guérin et l'un des principaux mobiles de ses actes. Vis-à-vis ses malades, il mettait en œuvre non seulement sa science, mais son cœur. Il savait les encourager, relever leur moral, les égayer par ses plaisanteries, tirer parti d'eux-mêmes pour les soulager et il pouvait, lui si vif, se rendre le témoignage de ne s'être jamais mis en colère contre eux. Sa sensibilité était si profonde qu'on l'a vu plus d'une fois pleurer au chevet de ses malades s'il les faisait trop souffrir ou s'il fallait renoncer à tout espoir de guérison. Devait-il faire une grave opération, ses nuits en étaient troublées à l'avance :

« J'ai vieilli, écrivait-il à sa femme, et j'ai fait un
» grand nombre d'opérations. Je ne me suis pas

____

(1) Henri Eon, _Dépêche bretonne._

» blasé : j'ai toujours les émotions qui précèdent un
» grand événement. Cela me fait mal et je ne voudrais
» pas être autrement, il me semble que l'on est bien
» près d'être un scélérat, quand on peut être indif-
» férent aux dangers auxquels les opérés sont expo-
» sés (1). »

Le secret professionnel était un culte pour lui. Il
ne pouvait contenir son indignation quand on lui
racontait les trafics, les marchés, les compromis-
sions qu'il trouvait des actes déshonorants. Il en
éprouvait un vif chagrin. « La probité, disait-il, paraît
plus indispensable au chirurgien qu'à tout autre :
l'homme qui, pendant toute son existence, tient en
ses mains la vie de ses semblables, doit avant tout
être au-dessus des mauvaises pensées du lucre et
de l'amour-propre. Ce serait *un scélérat* s'il pratiquait une opération qu'il ne conseillerait ni à sa
mère, ni à son enfant (2). » Et il pouvait dire, dans
une heure d'épanchement : « Pour moi, je n'ai pas
» donné un seul coup de bistouri qui ne fût indispensable ! »

On comprend qu'avec un tel ensemble de qualités
unies à une « merveilleuse habileté », à une science
éminente, le docteur Alphonse Guérin eût une clientèle des plus brillantes et des plus étendues. Nous
avons parlé du Souverain-Pontife Pie IX, guéri par

(1) Lettre à Mme Guérin, 25 novembre 1888.
(2) *Eloge de Trélat*, par Alph. Guérin.

lui; la même année, il perdit une jeune malade que ses soins ne purent sauver.

« J'ai été rappelé du Fresne par une dépêche télé-
» graphique pour venir assister à la mort d'une jeune
» femme que j'aimais comme si elle avait été ma
» sœur ou ma fille. Peut-être cette pauvre enfant
» vivrait-elle encore, si j'étais resté à Paris, aussi je
» renonce pour cette année au plaisir de la chasse
» qui m'a retenu à Paimpont vingt-quatre heures pen-
» dant lesquelles la maladie de ma pauvre amie a
» marché.

» Son mari (1), qui commande en chef l'armée du
» Mexique, va être encore plus malheureux que moi:
» il va recevoir une lettre que sa femme lui a écrite
» le jour de sa mort, et le courrier suivant lui ap-
» prendra la fatale nouvelle.

» Bien que cette mort ait eu lieu il y a huit jours,
» j'en suis ému comme si je venais d'y assister. Déci-
» dément, je n'ai pas un cœur de médecin. Je ne
» m'habituerai jamais à voir mourir, surtout ceux que
» j'aime (2). »

Il était souvent demandé dans les maisons religieuses où l'on appréciait son tact, sa parfaite honorabi-
lité et cette délicatesse innée qui allait jusqu'à s'infor-
mer de l'heure des exercices, afin de ne pas les
déranger par sa visite. Là encore, il eut à pleurer

(1) Le maréchal Bazaine, c'était sa première femme; il se re-
maria au Mexique.

(2) Lettre à M. F. Guérin, 22 octobre 1863.

une sainte religieuse devenue son amie. La supérieure du couvent du Roule, femme d'une haute
sainteté et d'une grande notoriété parisienne, la
Mère Marie des Anges, étant atteinte d'une grave
maladie, le docteur Guérin fut appelé en consultation; il reconnut tout de suite et la nature du mal
et l'impossibilité d'une opération qui aurait pu écar-
ter une terminaison mortelle. Il continua cependant
de venir chaque jour, sa malade ignorant le diagnostic porté.

Il avait été attiré tout d'abord par les remarquables
qualités de cette vénérable religieuse et il ne pouvait
taire son admiration pour ses vertus.

Un des derniers jours de sa vie, la Mère des Anges
lui dit :

« Mon cher Docteur, je vous remercie de vos bons
» soins. Vous me les avez donnés en ami plutôt qu'en
» médecin; si, comme je l'espère, je vais au ciel, je
» prierai le Bon Dieu pour vous. Je lui demanderai
» d'être lui-même votre récompense. »

« L'émotion du bon Docteur fut telle en entendant
ces paroles que, se levant brusquement, il s'en alla
s'accouder sur la cheminée, la tête dans ses deux
mains; puis, sans respect humain aucun, il tira son
mouchoir pour éponger ses larmes qu'il ne songeait
pas même à retenir. Quand il eut retrouvé un peu de
sang-froid, il revint vers notre Mère, lui serra la
main avec une nouvelle émotion et se retira en répétant : « Quelle femme admirable! Quelle présence

» d'esprit ! On ne croirait jamais qu'elle est si ma-
» lade ! (1). »

La Mère des Anges mourut peu de jours après et la
religieuse Assistante écrivit au docteur Guérin pour
lui demander le chiffre de ses honoraires. Voici sa
réponse :

« 1ᵉʳ mai 1885.

» Madame, vous avez raison de penser que j'ai
» beaucoup souffert en assistant aux derniers mo-
» ments de votre sainte Supérieure. Autant j'avais été
» heureux quand je soulageais ses souffrances, autant
» j'ai été malheureux quand j'ai reconnu que la méde-
» cine était devenue impuissante.

» Elle était si bonne, si douce, si affectueuse que
» j'avais conçu pour elle une vive affection ; aussi
» n'est-ce pas une cliente que j'ai perdue, mais une
» amie. Puisqu'elle m'avait honoré de son amitié, je
» n'ai plus le droit de réclamer ce qu'on demande aux
» indifférents. Permettez-moi donc, Madame, de con-
» tinuer à penser que les soins affectueux que je lui
» ai donnés trouveront un jour une autre récompense ;
» puisque maintenant elle lit dans nos cœurs, elle
» saura que mon âme est pleine de reconnaissance
» pour les sentiments si doux qu'elle m'a exprimés
» avant de mourir.

(1) *Vie de la Mère Marie des Anges, de la communauté de
Notre-Dame*, par une religieuse. — In-8° ; Oberthur, éditeur à
Rennes, 1888.

» Veuillez agréer, Madame, l'expression de ma
» haute considération et de mon entier dévouement.

» Alph. GUÉRIN. »

Les religieuses du Roule envoyèrent au docteur
Guérin un crucifix ayant appartenu à leur Supérieure
et un petit portefeuille contenant son portrait, en
regard duquel on avait écrit les dernières paroles de
la Mère des Anges au docteur Guérin. Il garda ce
double souvenir comme une relique et un talisman
et voulut que les deux objets fussent enterrés avec
lui, ce qui fut exécuté.

Jules Simon, l'ami d'enfance d'Alphonse, lui dut
au moins deux fois la vie. Dans la préface de l'un
de ses ouvrages, il l'appelle *son sauveur*. Voici dans
quelles circonstances dramatiques il intervint la dernière fois.

« L'illustre homme d'Etat, quoique souffrant d'un
anthrax, était allé dans l'Aude ou l'Hérault soutenir la
candidature de son fils qui se portait à la députation.
A peine était-il arrivé là-bas qu'il est secoué d'une
fièvre violente. Il veut parler quand même, il parle,
mais à l'issue de la réunion publique, l'anthrax avait
pris des proportions telles qu'il s'évanouit.

» Que faire ? Allait-on rentrer à Paris ?

— « Rentrons vite, dit Jules Simon à son fils, et
» télégraphie à Guérin de se rendre demain matin, à
» cinq heures, à la maison. » — Cinq heures, c'était

l'heure d'arrivée du train du Midi. Par malheur, Alphonse Guérin était dans ses terres, aux environs de Ploërmel. La dépêche lui fut remise au beau milieu d'une partie de chasse. Un autre aurait hésité, se serait excusé peut-être. Guérin n'eut pas un instant d'hésitation. Jules Simon l'appelait, il accourut.

» Quelques heures après, il arrivait place de la Madeleine, où il trouva son ami étendu sur une chaise longue, souffrant comme un damné, plus mort que vif. Il regarde l'anthrax, fait une grimace significative et prenant la main de Jules Simon :

— « As-tu confiance en moi ? »

Le malade fit un signe de tête.

— « Eh bien, laisse-moi faire, tu ne mourras pas » encore cette fois-ci, mais il n'est que temps. »

« Et d'un coup de bistouri, il ouvre l'anthrax d'où jaillit un flot de sang noir comme de l'encre. Cinq minutes de plus, il aurait été trop tard (1). »

Après la découverte du pansement ouaté, le docteur Guérin aimait à savoir qu'il était employé un peu partout, même chez nos ennemis, car il y voyait une preuve qu'il fallait encore recourir à la France ; aussi eut-il un jour une légitime satisfaction en apprenant que l'empereur Guillaume, ayant été blessé dans les rues de Berlin, on avait eu recours au pansement ouaté. Ce qui fit écrire à un jeune chirurgien que l'empereur d'Allemagne devait la vie à une méthode

(1) Léon Séché : *Revue des Provinces de l'Ouest.*

qu'inventait un chirurgien français pendant que ce même empereur brûlait Paris.

Il recevait des remerciements inattendus parfois :

« Monsieur,

» Il y a six semaines environ, dans une partie de » chasse, je me suis blessé à la main. Mon ami, le » docteur George Flipe, m'a guéri comme par enchan- » tement avec votre collaboration discrète et même » inconsciente, en m'appliquant *le pansement ouaté*.

» Je voudrais bien avoir l'occasion de vous remer- » cier un jour en personne. Aujourd'hui je prends la » liberté de vous adresser une loge pour l'Opéra, con- » vaincu que vous êtes un homme simple comme tous » les vrais grands hommes et qu'un spectacle du di- » manche, fût-il *l'Africaine*, ne vous fait pas peur.

» Veuillez agréer, Monsieur, l'hommage de mon » profond respect et de ma vive reconnaissance.

» Edmond ABOUT. »

Tous les malades d'Alphonse Guérin n'étaient pas illustres, mais tous avaient les mêmes droits sur sa science et son dévouement. Particulièrement affable et bienveillant pour les pauvres, il les entourait de soins affectueux, accompagnant souvent la consulta- tion du prix des remèdes ou de quelque secours op- portun.

Jules Simon, étant président de la Société des

Gens de lettres, s'excusait de lui avoir adressé certains confrères malheureux :

« N'est-ce que cela, répondit Alphonse Guérin,
» envoie-moi tous les malades de la Société, je leur
» donnerai mes soins et s'il le faut quelque chose de
» plus. »

Quand il était en Bretagne, à son château du Fresne, la grille du parc restait ouverte pour permettre le défilé presque ininterrompu de Bretons qui, le sachant là, venaient chercher des conseils et des secours médicaux toujours donnés avec générosité par leur illustre compatriote.

Il était d'autant plus sensible à leur attachement et à leur reconnaissance, comme à celle de ses autres malades, qu'il savait par de multiples et douloureuses expériences qu'il faut souvent peu y compter. Aussi racontait-il avec émotion qu'un pauvre homme, guéri par lui à l'Hôtel-Dieu, lui avait apporté un modeste pot de fleur le jour de la Saint-Alphonse, mais sans dire son nom, au grand regret du Docteur qui aurait voulu le remercier d'une pensée qui l'avait profondément touché !

Il n'entendait pas, par exemple, qu'on émît le moindre doute sur la sollicitude dont il entourait ceux qui étaient confiés à ses soins ; voici ce qui lui arriva en mai 1871 :

« Maintenant que tout est fini, écrit-il à Mᵐᵉ Guérin,
» félicitons-nous que je n'aie pas eu à souffrir de la
» scélératesse des Communeux. J'ai eu bien des

» angoisses pendant que les brigands ont été maîtres
» de Paris, mais je ne regrette pas d'être resté à mon
» poste. Les délégués de la Commune avaient mis la
» main sur plusieurs hôpitaux. Ils ont voulu inspecter
» mon service. Tu sais combien je suis peu endurant :
» un jour, on m'annonça à l'hôpital qu'un inspecteur
» de la Commune était venu prendre des renseigne-
» ments sur les soins que les malades de mon service
» recevaient. Je me fâchai tout rouge et je dis aux
» officiers de la garde nationale qui étaient blessés
» que leur inspecteur était un drôle, puisqu'il avait pu
» croire qu'un médecin manquerait aux devoirs de sa
» profession. Je demandai qu'on le priât de venir à
» l'heure de ma visite, lui promettant de le recevoir
» comme il le méritait. Après avoir dit cela avec la
» violence que tu me connais, j'ajoutais : Vous enten-
» dez, c'est une provocation à toute la Commune qui
» ne me fait pas peur.

» On n'y répondit pas, peut-être à cause des soins
» affectueux que je donne toujours à mes malades.
» Personne ne vint et notre hôpital est peut-être le
» seul établissement dont on n'ait pas remplacé le
» drapeau tricolore par le drapeau rouge.

» Débarrassés de cette ignoble tyrannie qui ne m'a
» pourtant jamais fait m'incliner, nous sommes heu-
» reux maintenant, même au milieu des ruines de la
» plupart de nos monuments. Il est probable que ni
» toi ni moi ne verrons plus la lutte du prolétariat
» contre les riches. Il faudra bien des années pour que

» des hommes de bon sens se laissent séduire par des
» théories derrière lesquelles se cachent les plus abo-
» minables forfaits (1). »

La Commune finie, la police, à son tour, veut envahir les salles d'Alphonse Guérin; il en barre résolu-
ment la porte, en disant :

« Si vous approchez de leur lit, vous les tuez! Au
» nom de l'humanité, je vous somme de vous retirer ! »

Et la police se retira devant le courageux chirurgien
qui voulait guérir ses blessés avant de les laisser
juger. Plusieurs lui durent leur salut.

(1) Lettres à Mme Guérin, 1er et 2 juin 1871.

CHAPITRE IX

Caractère et portrait.

Les nombreuses citations que nous avons faites d'Alphonse Guérin ont dû montrer, mieux que les plus belles phrases, ce qu'était « ce caractère antique, taillé dans le granit de Bretagne », ardent, entier, épris d'indépendance, mais acceptant en toute circonstance, avec la plus complète soumission, les obligations les plus étroites que le devoir impose.

Les emportements et les brusqueries, qui étaient comme le bouillonnement de sa nature trop vive, devenaient pour lui l'occasion des retours les plus spontanés à la bonté innée et exquise qui était le contre-poids de sa violence passagère, et il se croyait débiteur d'une grande somme d'amitié envers ceux que ses vivacités avaient atteints.

Franc et loyal, il pouvait faire sienne la devise de ses aïeux : *Potius mori quam mentiri*, et sa réputation de droiture en avait fait le conseiller, non seule-

ment de ses élèves, mais souvent même de ses contemporains et de ses aînés, dans ces cas de conscience où il est souvent difficile de distinguer les déli-
catesses du devoir.

On l'a parfois représenté comme rancunier vis-à-vis
certains de ses collègues; il avait, c'est vrai, la mémoire fidèle quand il avait été offensé — surtout si
cela atteignait quelqu'un des siens, — mais jamais
cela ne l'empêchait de rendre justice, de reconnaître
les qualités ou la valeur de ceux qui l'attaquaient.
Dans tous ses ouvrages, il prend soin de dire ce qu'il
doit à ses collègues, même quand ceux-ci étaient de
sérieux antagonistes comme Jules Guérin ou le docteur Burggraeve, de Gand, par exemple :

« On me rendra cette justice que je n'ai jamais parlé
de ma découverte, sans rappeler ce que nous devons
au chirurgien de Gand, et s'il avait été encore plus
injuste envers moi, il ne parviendrait pas à m'empêcher de dire hautement et en toute occasion que la
compression qu'il nous a appris à pratiquer pour le
traitement de l'arthrite, réalise pour le pansement des
plaies une des conditions les plus propres à amener
une prompte et sûre guérison (1). »

Il revient là-dessus dans un autre passage :

« Je tiens à le redire encore, ne voulant pas que les
médecins qui ne seraient pas au courant de la question m'attribuent ce qui appartient à un autre (2) ».

(1) *Pansement ouaté*, page 29.
(2) *Pansement ouaté*, page 290.

C'est ainsi que dans toutes ses découvertes, il insistait pour préciser à qui il devait telle ou telle idée, tel ou tel procédé, si bien qu'on en arrivait à croire que le mérite de l'invention était dû à celui-ci ou à celui-là, il ne s'en inquiétait pas, « ayant à un trop haut point le sentiment de sa dignité pour ne pas avoir celui de sa valeur, c'est ce qui lui a permis d'être et de toujours rester modeste (1) ».

Il écrivait de son collègue Trélat :

« Il arrive parfois que l'on paraît oublier les hommes modestes qui ont le plus honoré leur pays. Il ne faut pas s'en étonner; un philosophe qui vivait à Rome, il y a plus de dix-huit cents ans, Sénèque, consolait déjà les humbles par ces paroles : « Quand nos con- « temporains se tairaient sur nous par envie, il vien- « dra des hommes qui, sans faveur et sans passion, « nous rendront justice. »

« Ce n'est pas toujours l'envie qui mesure avec parcimonie la justice aux savants. C'est plutôt le dédain du monde pour ceux qui n'attirent pas son attention par des réclames bruyantes et souvent répétées; c'est l'ignorance des masses qui ne se passionnent que pour les légendes. »

Peut-être dans ces lignes y avait-il un secret retour sur lui-même qui détestait la réclame, cette « sonnerie de la trompette sans laquelle la renommée manque aux découvertes; mais j'ai le malheur de n'être pas

(1) Dr Guyon, discours.

musicien, ajoutait-il, et ce n'est qu'autour des idées fausses qu'il faut battre la caisse pour leur donner la vogue que l'avenir doit dissiper. »

Quand il recevait des hommages ou des louanges justement donnés, c'était toujours vers sa femme qu'allait sa pensée satisfaite, il s'empressait de la faire jouir de ses succès.

« Mon frère, qui a lu plusieurs comptes rendus » dans les journaux, me félicite du bruit qui se fait » autour de moi, j'en suis heureux, mais plus pour » ma femme que pour moi (1). »

« Hier, à l'Académie, un médecin m'a dit qu'assis- » tant à la clinique de Verneuil à l'hôpital de la Pitié, » il l'avait entendu vanter mon pansement et dire que » c'était **la plus grande découverte chirurgi-** » **cale du siècle !** Ton mari laissera donc un nom » honoré dans la science. Cette pensée me réjouit » plus pour toi que pour moi qui l'ai reçu modeste, » tandis que toi tu l'as pris malgré sa modes- » tie (2). »

« Ma méthode a eu tant de succès que dernièrement, » dans un hôpital, un médecin disait que si les résul- » tats étaient ce qu'ils ont été jusqu'ici, on me donne- » rait une récompense nationale. Vois-tu ton mari » doté par une loi ! Ce serait trop beau, je n'en » demande pas tant (3). »

(2) Lettre à Mme Guérin, 1er mai 1874.
(2) Lettre du 15 avril 1873.
(3) Lettre du 19 novembre 1871.

Plus tard, il assiste à un dîner :

« Il y avait au banquet cinquante de mes anciens
» élèves qui ont été très affectueux pour moi. J'aurais
» voulu que tu pusses, seulement un quart d'heure, te
» transporter au *café Riche*, où avait lieu le banquet,
» tu aurais été heureuse de m'entendre féliciter sur
» les travaux que j'ai faits, sur ma carrière, sur mes
» qualités, etc. J'ai trouvé qu'on en disait dix fois
» trop, mais toi, tu aurais été heureuse d'entendre
» vanter ton mari (1). »

« Je regrette, ma chère femme, que tu n'aies pu
» entendre ce qui se disait sur la tour Eiffel le jour
» où j'y ai dîné. Les médecins qui donnent des leçons
» aux Dames Françaises (ambulance reconnue par
» l'État) offraient un banquet aux fondateurs de
» l'Œuvre. Ils m'avaient demandé *d'honorer* (c'est
» l'expression dont ils s'étaient servis) le banquet de
» ma présence. On avait adressé la même invitation
» à Hardy et à Villemin qui a démontré la contagion
» de la tuberculose.

» A la fin du dîner, il y a eu des discours dans
» lesquels on a parlé de moi de manière à me faire
» rougir. Un médecin mexicain, qui est venu à Paris
» pour l'Exposition, où il est vice-président de la
» section d'agriculture, a rappelé en des termes excel-
» lents que j'ai été le précurseur des idées micro-
» biennes (2). »

(1) Lettre du 2 février 1883.
(2) Lettre du 23 juillet 1889.

Cette modestie qui allait parfois — pour ceux qui ne le connaissaient qu'imparfaitement — jusqu'à faire douter de sa haute valeur professionnelle, il la portait même sur lui, car de toutes les décorations qu'il avait — neuf ordres étrangers avec des titres de grand officier et de commandeur, — jamais il ne parlait, et si, sur un buste de lui, fait par Casanova, on les voit figurer, c'était pour complaire à l'artiste qui le lui avait demandé. Il a légué ce buste et son portrait, peint par Gérôme, à l'Académie de médecine.

On lui disait un jour : « Vous êtes grand'croix ? »

— « Non, commandeur, c'est bien suffisant », répondit-il. (Il avait été nommé commandeur de la Légion d'honneur en 1884.)

Quand Alphonse Guérin parlait, bien que très simple de manières et sobre de gestes, sa parole semblait un peu emphatique, puis la causerie s'animant, elle s'animait aussi et devenait rapide et enjouée. Ses écrits d'un style élégant et alerte en donnent bien l'idée.

D'une grande finesse d'esprit, il lançait un trait sarcastique qui, parfois, emportait le morceau avec la précision de son coup de bistouri. Il aimait la discussion, disant :

« Le paradoxe est la plate-forme la plus ordinaire des hommes d'esprit, et les controverses le champ clos où brillent les hommes prompts à la répartie, ceux que rien n'embarrasse, et qui trouvent dans les ressources de leur esprit des réponses spirituelles et inattendues (1). »

Un écrivain de talent qu'Alphonse Guérin avait vu naître et qu'il aimait paternellement, la comtesse de Martel (Gyp), a tracé pour le docteur Reclus un portrait de lui que nous reproduisons presque entier.

« C'est de tous mes amis, écrit-elle, celui que j'ai le » plus aimé; il était dans son enveloppe bourrue, le » plus doux, le plus exquis des êtres et aussi le plus » varié. Croyant comme un Breton et sceptique comme » un Parisien....

» .... Profondément humain et pitoyable, il savait » être pour les hommes d'une bonté, d'une indul- » gence infinies. Jamais la pensée ne lui vint de se » venger du mal qu'on lui faisait; il le pardonnait sans » effort. Politiquement, il n'a jamais varié : républi- » cain sous l'Empire, il l'est resté sous la République, » ce qui montre une conviction tenace. »

« Malgré les efforts de ses compatriotes pour l'y pousser, Alphonse Guérin ne voulut jamais entrer dans la politique militante. Pendant sa courte appari- tion au Conseil général du Morbihan, où il représenta le canton de Mauron, ses amis le crurent dans l'en- grenage et lui proposèrent une candidature au Sénat ou à la Chambre des Députés. Alphonse Guérin ne céda pas à leurs instances (2). Il lui semblait difficile

---

(1) *Éloge de Trélat.*
(2) « J'aime bien mieux faire de la chirurgie », écrivait-il.

de rester inflexiblement droit dans ce milieu parle-
mentaire, où les devoirs envers son parti voilent souvent le devoir envers sa conscience. Ces compromis
où la délicatesse s'émousse dans une casuistique trop
savante répugnaient à son caractère entier; il ne voulait pas, même en spectateur, assister à ces luttes
mesquines, à cette guerre de groupe à groupe, où l'on
ne craint pas de recourir au dénigrement systématique, voire même à la calomnie (1). »

Alphonse Guérin avait un accueil facile et aimable;
on pouvait le trouver froid tout d'abord, puis sa physionomie s'illuminait soudain, ses yeux d'un bleu profond pétillaient de malice et de bonté, « son nez spi-
rituel aux ailes frémissantes, son menton volontaire,
sa bouche aux lèvres minces toujours entr'ouvertes
par un sourire ironique (2) », tout s'éclairait en lui et
faisait resplendir d'intelligence sa belle tête aux lignes
sculpturales.

« Ajoutons qu'il était chauve depuis sa jeunesse et
chauve à un rare degré. Il savait en rire au besoin. Un
jour qu'il rencontrait son ami Gérôme, le grand artiste dont la France s'honore, il s'avance, se campe
devant lui en indiquant d'un geste bref les cheveux du
peintre qui, drus et rebelles, ont de la peine à ne pas
envahir le front : « Eh quoi! Monsieur, serait-ce une
» critique? (3) »

(1) Dr P. Reclus.
(2) Id.
(3) Id

Il était de stature moyenne, mais vigoureuse et souple, d'une endurance très grande à la fatigue et au travail, ce qu'il devait beaucoup à sa robuste constitution de Breton, beaucoup aussi à la régularité de sa vie; d'une sobriété très grande, il ne buvait jamais que de l'eau, ne prenait pas de café, bien qu'il fût fort de son goût, parce que cela lui donnait des battements de cœur et aurait pu nuire ainsi à la sûreté de sa main. Il ne fumait pas, même pendant ses années d'études, où cette pratique lui aurait été utile parfois dans les amphithéâtres de dissections. Il entretenait la souplesse et l'agilité de ses membres par l'escrime, la marche et la chasse, sa plus grande distraction, son meilleur plaisir : « C'est si amusant ! » disait-il.

Qu'on nous permette une anecdote qui montrera comment il savait allier la chasse, la chirurgie et l'humanité.

Alphonse Guérin, étant en chasse, voit débouler un lièvre devant lui, il le tire et l'animal tombe sous son plomb. Rapportée par son chien, la malheureuse bête poussait des cris déchirants; touché de compassion, le docteur examine le blessé et remarquant que le corps est intact, qu'une patte seule est fracturée, « il peut vivre encore », dit-il, et, tirant sa trousse de sa poche, il panse sa victime suivant les règles de l'art et la rend à la liberté munie d'un pansement ouaté !

L'amour-propre du chasseur était satisfait, la bonté de l'homme faisait sa part à la pitié.

Son amour pour les animaux était proverbial et ses chiens faisaient vraiment partie de la famille ; il en avait toujours auprès de lui et quand ils étaient malades, il donnait ou demandait de leurs nouvelles à Mᵐᵉ Guérin avec sollicitude. Quand il fut à Rome, la chienne qu'il avait à ce moment n'étant pas du voyage, le crut mort, aussi quand elle le vit de retour, la pauvre bête, après lui avoir témoigné sa joie avec transport, tomba à ses pieds en proie à une violente crise de nerfs.

Revenant de la chasse, après des journées trop fatigantes, il arriva au bon Docteur de charger son chien sur ses épaules, en pensant qu'il était moins fatigué que l'animal ! Une de ses chiennes, *Matta*, fut peinte par Detaille et Mᵐᵉ Guérin l'appelait — en riant — « sa rivale ». Un jour, son autre chienne, *Santé*, fut roulée par un chien aux allures suspectes, Alphonse Guérin n'hésita pas à l'amener à son ami Pasteur, mais la réponse du savant fut cruelle : « Le meilleur moyen » de se garantir d'un chien mordu par une bête enra- » gée, c'est encore de l'abattre. » Le docteur Guérin ne s'y décida pas et put la guérir.

Tous les ans, Alphonse Guérin passait un certain temps en Bretagne, il aimait passionnément son pays, se faisant gloire de lui appartenir, et tout ce qui s'y rattachait, de près ou de loin, était l'objet de son vif intérêt et de sa générosité.

« C'était un vrai Breton de tête et de cœur. Il confondait dans un même amour, un amour sans bornes, sa mère, la vaillante femme qui l'avait élevé, le coin de la Bretagne qui l'avait vu naître, et la profession médicale qu'il considérait, il nous l'a répété souvent, comme la plus noble et la plus belle des professions, sans doute parce qu'il n'en est pas qui rende plus de services à l'humanité, ni qui exige plus d'honnêteté, plus d'indépendance et aussi plus d'abnégation et de sacrifices.

» Il avait en particulier, pour le corps médical du Morbihan, un attachement qui ne s'est jamais démenti. Il nous connaissait tous. Ses bras, comme sa porte, étaient ouverts à ses confrères du ressort de Vannes. Son meilleur accueil était pour nous. Il nous aidait de ses conseils et mettait largement à notre disposition le fruit de son savoir et de sa haute expérience. Il avait laissé à notre Société (1) un capital dont la rente, suivant son intention, devait être employée à aider, dans ses études, le fils d'un médecin dont la famille serait privée de ressources.

» Comme il saisissait avec bonheur l'occasion des vacances pour se retrouver en pleine Bretagne, dans cette bonne et vieille ville de Vannes (2), au milieu de nous, ses confrères du Morbihan ! Quelques-uns avaient été ses condisciples et, les plus jeunes, ses élèves, aux cliniques de Saint-Louis et de l'Hôtel-Dieu.

(1) La Société médicale du Morbihan.
(2) La ville de Vannes a voulu que l'une de ses rues s'appelât : *rue Alphonse Guérin.*

» Ceux qui ne l'ont pas vu et entendu dans ces réunions intimes, qui n'étaient composées que de médecins bretons ou *Gallos*, où tout apparat était banni,
raconter avec une bonhomie charmante, les anecdotes
de sa vie d'écolier, — et ses débuts pénibles dans la
carrière qu'il devait parcourir avec tant de distinction,
ceux-là n'ont connu qu'un côté de la physionomie expressive du docteur Alphonse Guérin (1). »

Cette sollicitude patriotique s'étendait également
sur ceux qui avaient dû, comme lui, quitter le pays;
aussi s'intéressa-t-il dès l'origine à l'œuvre de solidarité des *Bretons de Paris*. Son cœur s'émut à la seule
pensée qu'il pouvait trouver là une occasion de venir
en aide à de jeunes compatriotes, et son bienveillant
appui ne leur fit jamais défaut.

Le docteur Reclus raconte qu'Alphonse Guérin voulut même, une fois, faire admirer Paris à l'un de ses
fermiers, ancien compagnon de ses jeux d'enfant.

« Toi, lui dit-il, je t'emmène avec moi; je veux te
« montrer la capitale! » Ils partent, Alphonse Guérin
loge son vieil ami chez lui, et dès le lendemain, le
conduit à la place de la Concorde; il voulait, du premier coup, éblouir son camarade par cette vue unique
au monde : devant soi, les fontaines jaillissantes, les
quais de la Seine et les palais qui la bordent, les ruines de la Cour des Comptes et le dôme étincelant des

(1) Discours du Dr de Closmadeuc, président honoraire de la
Société médicale du Morbihan.

Invalides : à gauche, la masse imposante du Louvre à peine voilée par les arbres des Tuileries, la superbe avenue des Champs-Elysées que couronne, au loin, l'Arc de Triomphe de l'Etoile comme une apothéose dans la lumière du couchant. Alphonse Guérin épiait la physionomie du fermier : celui-ci se retourne de tous côtés, regarde, regarde encore, et dit enfin, sans essayer de dissimuler l'étendue de sa déception :

« Ah! c'est ça Paris ? Eh ben, alors, si je nous cou-
« lions dans un café ! (1) »

____

(1) Dr Paul Reclus, discours.

CHAPITRE X

Dernières années. — Mort.

Les épreuves ne manquèrent pas au docteur Alphonse Guérin ; ses dernières années en furent particulièrement traversées. « La fortune importante qu'il avait acquise par son talent lui fut enlevée presque entière dans deux entreprises dirigées l'une et l'autre par des hommes auxquels il était profondément attaché. Malgré la rudesse du coup, il ne laissa jamais entamer sa confiance en l'honnêteté de ses amis, qu'il défendit en toute occasion contre les clameurs de la foule. Réduire ses dépenses personnelles lui fut chose facile, car le luxe au milieu duquel il vivait, il le subit plutôt qu'il ne le désira. Mais il lui fallut parfois fermer sa main, jadis toujours ouverte, et, parmi ces nécessités douloureuses, une des plus cruelles fut de supprimer l'allocation que, depuis de longues années, il attribuait au maintien d'une chaire occupée par un ami dans une école de médecine de province.

« Au demeurant, il supporta ce choc avec une admirable sérénité et sans paraître y rien perdre de sa vigueur intellectuelle et physique. Il resta vaillant, alerte et gai (1). »

Alphonse Guérin n'avait jamais tenu à la fortune que pour le bien qu'elle lui permettait de faire. « Qu'importe l'argent pour nous, écrivait-il à sa femme. » Je viens encore d'abandonner deux mille francs à » une malade que j'ai guérie, bien qu'elle me les eût » donnés, si j'avais insisté pour les avoir. Chaque » mois j'en fais autant, ce qui ne nous fera pas mourir » à l'hôpital. »

Une bien plus sensible épreuve vint le frapper au commencement de 1890 : Mme Guérin fut atteinte de l'influenza et mourut au Fresne, le 5 janvier, entre les bras de son mari, accouru de Paris. Après l'avoir déposée à l'endroit choisi par elle dans la *Lande du Cerisier*, grand bois qu'elle avait fait planter ; après avoir préparé sa propre place dans le même tombeau, il n'eut plus le courage de revenir en Bretagne pour n'y pas retrouver celle qu'il avait aimée fidèlement toute sa vie (2) ; pendant cinq années, il s'en tint éloigné. Il projetait d'y faire un voyage en 1895.... Ce fut la mort, hélas ! qui exécuta son

(1) Dr P. Reclus.
(2) Après trente ans d'union, il lui écrivait encore : « Il me sem-« ble que maintenant le courrier doit arriver à Mauron plus tôt « qu'autrefois. Je suis si pressé de te revoir que je calcule à une « demi-heure près. »

désir et ce dernier retour au pays breton se fit dans un cercueil !

Nous avons déjà mentionné les travaux importants, l'activité étonnante qui remplirent la fin de sa carrière ; il ne connaissait pas le repos, malgré des crises de douleurs et d'oppression qui, plusieurs fois, le rendirent très malade, mais son esprit comme son âme n'eurent jamais l'allure dépérissante : il continuait de s'intéresser à tout ce qui était beau, utile et grand. Il resta en pleine sève de bonté et d'action à un âge où, d'ordinaire, tout devient fatigue et effort. Il semblait même que cette bonté, si remarquable chez Alphonse Guérin, s'accroissait au lieu de diminuer et « le monde n'admire pas assez la bonté des vieillards. Il faut que leur âme renferme des trésors pour que tout ne soit pas dissipé lorsqu'apparaissent les cheveux blancs.

» Que la jeunesse inexpérimentée soit généreuse, ardente au bien, toujours prête aux nobles sacrifices, cela se conçoit. Mais conserver le feu sacré, après les déceptions, les injustices, les ingratitudes ; garder sous les cicatrices de la vie, les battements du cœur, les élans de l'âme, la vivacité de l'esprit, c'est là le don de Dieu (1). »

Alphonse Guérin avait soixante-dix-huit ans et venait d'assister comme vice-président au Congrès chirurgical de Lyon, quand le sort le désigna comme

(1) Général Ambert : *Portrait du colonel de Gonneville.*

Président du Jury pour le concours de l'Internat, il accepta : c'était une charge gratuite et il n'avait jamais refusé celles-là. Il s'agissait, durant près de six mois, de trois séances par semaine de trois heures chacune, pendant lesquelles il fallait parler très haut, ce qui le fatiguait beaucoup.

Cependant il était encore d'une surprenante vigueur, mais sa pensée se tournait parfois vers la mort : « Je ne la redoute pas, disait-il, c'est atroce de vieillir ! » Il craignait l'abaissement des facultés, l'isolement des affections.

Il s'enrhuma au commencement de l'hiver, après avoir fait *un kilomètre au pas de course* un jour de chasse, pour ne pas manquer le train du retour. Au début de l'année 1895, il écrivait à une parente :

« Depuis votre départ, j'ai toujours toussé et toussé » d'une manière désagréable et fatigante. Je ne suis » décidément qu'un vieil invalide, n'étant plus bon » qu'à soigner des malades et encore aurais-je de la » peine à en trouver d'aussi dignes que moi de la » pitié qu'on accorde à ceux qui souffrent.

» Depuis que les quintes de toux sont venues trou-» bler ce qui me reste de jours à passer sur terre, je » pense plus que jamais à la *Lande du Cerisier*, où » m'attend la femme que j'ai tant aimée. »

Un mois plus tard :

» Malgré le froid et la neige, je me suis débarrassé » des suites de l'influenza, mais quoique vous disiez,

« je suis loin d'avoir l'air d'un homme qui veut encore
« vivre longtemps. »

À la même époque, il écrivait à un ami :

« Ordinairement on redoute la mort ; moi je pense
« avec un singulier sentiment de bonheur que mon
« corps sera bientôt porté sous la *Lande du Cerisier*,
« où je dormirai du bon, de l'éternel sommeil en terre
« de Bretagne. »

Ses pressentiments n'interrompaient pas ses occupations accoutumées ; malgré eux, il préparait même ses plans pour l'été, étant président nommé du prochain Congrès de chirurgie, pensant, comme nous l'avons dit, à retourner dans sa chère Bretagne. Huit jours avant de tomber malade, il faisait encore une opération.....

Le 15 février 1895, revenant d'une course à Vanves, où il était allé voir un ami souffrant, il monta sur l'impériale de l'omnibus afin d'arriver exactement pour présider son lassant concours. La grippe, qui ne l'avait pas quitté, se transforma subitement en pneumonie et, comme un vaillant soldat, frappé sur la brèche, il fallut l'emmener de la salle, atteint par la maladie avec une telle violence qu'on dut l'aider à monter en voiture et le reconduire chez lui.

La force de sa constitution faisait espérer qu'elle triompherait encore cette fois, mais le mal empirait, malgré les soins assidus de ses médecins.

« C'est mon fils », disait-il à la sœur garde-malade, en désignant l'un d'eux, le docteur Merklen, son an-

cien élève pour lequel il avait une affection toute paternelle.

Après une nuit de souffrances intolérables, le 21 février, il se souvint que le docteur avait parlé d'une piqûre de morphine. Il demanda ses lunettes et d'une
main encore assurée, il écrivit lui-même l'ordonnance. Mais la dose était trop forte pour son tempé-
rament brisé par la maladie. Après que la piqûre eut
été faite, il eut un court moment de répit. « Ah! que
» je suis bien! » dit-il, puis il fut terrassé et la sœur qui
le veillait vit avec consternation les signes avant-cou-
reurs de la mort paraître sur son visage. Elle envoya
en toute hâte chercher un religieux de l'Assomption,
dont la maison était toute voisine (1).

Le Père I.... accourut.

« Déjà la parole ne pouvait plus se faire entendre,
plusieurs fois cependant Alphonse Guérin donne des
signes de connaissance et d'assentiment; par des
mouvements significatifs, des pressions de main, il
montre que le chrétien a compris et a voulu ce que sa
foi lui imposait, sans pouvoir le dire, mais seulement
l'exprimer (2). » Il reçoit l'Extrême-Onction et les indulgences papales auxquelles il tenait tant pour sa
dernière heure, puis la respiration s'éteint doucement
et à dix heures du matin il avait cessé de vivre.

(1) Le Dr Guérin demeurait 11 *bis*, rue Jean-Goujon.
(2) Lettre du Père I..., religieux assomptionniste.

« Tel fut Alphonse Guérin, telle fut sa vie simple, droite, généreuse et fière, et que marqua une découverte de génie. On se méfie avec raison du jugement des panégyristes. Ils ne se gênent guère pour promettre à ceux dont ils sont chargés de raconter l'histoire une immortalité qui ne leur coûte pas. Mais aux poëtes seuls, la postérité a donné le droit de parler en son nom, et nos arrêts risquent souvent d'être cassés. Ici, nous tentons hardiment l'aventure, et j'ose le dire, lorsqu'à travers les temps, les historiens futurs écriront cette révolution prodigieuse qui fit, de la chirurgie meurtrière de jadis, la merveilleuse science d'aujourd'hui, ils auront à réunir dans leur admiration et dans leur reconnaissance, ces trois noms pour nous à jamais inséparables : Pasteur, Lister et Alphonse Guérin (1). »

(1) Éloge d'Alph. Guérin prononcé par le Dr Paul Reclus à la séance annuelle de la Société de Chirurgie du 19 avril 1896.

CHAPITRE XI

Hommages rendus à la mémoire d'Alphonse Guérin.

Aussitôt que la mort du docteur Alphonse Guérin fut connue, ce qu'il avait écrit d'un de ses collègues se vérifia pour lui :

« *La mort est l'avènement du vrai* (Victor Hugo). Au bord d'une tombe, il semble que l'on est inspiré par Celui qui scrute les cœurs et élève les âmes (1). »

Tous les journaux — sans distinction de partis, — tous ceux qui l'avaient connu firent son éloge et la note dominant le juste hommage rendu à son talent, à ses découvertes, fut toujours : *il était si bon !* Il vint des témoignages non seulement de France, mais de l'Académie de médecine de Madrid (2), de Belgique, de Suède, d'Allemagne, d'Italie, de Russie et jusque de l'Amérique.

(1) *Éloge de Trélat.*

(2) Le Dr Alph. Guérin était membre correspondant de l'Académie royale et particulièrement estimé à Madrid.

Il est impossible de citer tout, bornons-nous à deux lettres, adressées au frère de l'illustre défunt :

FACULTÉ
DE MÉDECINE

« Monsieur le Conseiller,

» Monsieur Alphonse Guérin avait toujours été pour
» moi d'une excessive bonté, sa mort m'atteint comme
» si des liens plus intimes m'avaient attaché à lui. Par
» sa droiture, sa fermeté, sa franchise, M. Guérin re-
» présentait un caractère si sûr que bien souvent j'ai
» eu recours à lui dans les questions où il semble dif-
» ficile de distinguer son devoir.

» Ce que je pensais de lui, tous mes collègues le
» pensent et je suis sûr d'être l'interprète de tous mes
» collègues en vous disant que nous prenons part à
» votre douleur.

» La Faculté n'exprime qu'un regret, c'est de ne
» pas l'avoir compté au nombre de ses membres.

» Agréez, Monsieur, l'assurance de ma profonde
» sympathie et mes sentiments respectueux.

» P. BROUARDEL. »

» Paris, 22 février 1895.

» Monsieur le Conseiller,

» Au nom de mon administration et en mon nom
» personnel, j'accepte avec reconnaissance l'honneur
» que vous voulez bien m'offrir de porter un des cor-
» dons du poêle (1) aux obsèques de votre regretté
» frère.

» L'Assistance publique de Paris n'oubliera jamais
» tout ce que le docteur Alphonse Guérin a mis de
» science et de dévouement au service de ses malades.
» Elle n'oubliera pas non plus ce sentiment absolu du
» devoir auquel il n'a jamais craint de sacrifier son
» repos et sa santé et dont il meurt victime.

» Veuillez recevoir, Monsieur le Conseiller, l'expres-
» sion de ma haute considération et de ma respec-
» tueuse sympathie.

» E. PEYRON. »

Et toutes les lettres ne se lassaient pas de le redire
et tous venaient mettre leur nom en signe de regret
à la maison mortuaire.

____

(1) Les cordons du poêle furent tenus par MM. Empis, président de l'Académie de Médecine; Auger, président de la Société
de Chirurgie; Bergeron, secrétaire perpétuel de l'Académie de
Médecine; Peyron, directeur de l'Assistance publique; Merklen,
médecin des Hôpitaux, et Lucas-Championnière, chirurgien des
Hôpitaux.

Suivant sa volonté, après un service à Saint-Pierre de Chaillot, le corps du docteur Alphonse Guérin fut emmené en Bretagne. A la gare, plusieurs discours furent prononcés devant le cercueil par MM. les docteurs Lucas-Championnière, au nom de l'Académie de Médecine, Auger, pour la Société de Chirurgie, M. Peyron, au nom de l'Assistance publique, et enfin M. Jules Simon, souffrant, presque aveugle, lut avec beaucoup de peine et d'émotion l'éloge de son vieil ami dont la mort rompait une affection de soixante-cinq années.

En arrivant en Bretagne, l'office des morts fut célébré à Néant, paroisse du Fresne, puis le mausolée de granit de la *Lande du Cerisier* se ferma sur la double dépouille mortelle de ceux que la mort venait de réunir pour l'Éternité.

Dans un élan de touchante unanimité, l'Association des Bretons de Paris résolut, au lendemain de la mort d'Alphonse Guérin, de perpétuer son souvenir sous une forme durable et, avec l'assentiment de la famille, une souscription fut ouverte pour élever un monument commémoratif qui pût rester comme un exemple et une leçon.

Ah! si tous ceux qui étaient redevables de la vie au chirurgien célèbre — qu'ils le dussent à ses soins ou à sa découverte — avaient apporté la moindre obole, on aurait eu bien vite la statue d'or que Nélaton demandait pour une pareille invention!

Comme avant tout autre amour, Alphonse Guérin

avait aimé sa Bretagne et lui avait été toujours fidèle,
c'est dans sa ville natale, à Ploërmel, sur la place
témoin de ses jeux d'enfant, que l'on résolut d'élever
la statue due aux souscriptions reçues de toutes
parts.

Le 13 septembre 1896, la petite cité bretonne était
en fête : Ses maisons pavoisées, ses illuminations
préparées, la foule sympathique qui entourait les
nombreuses notabilités venues pour la circonstance,
tout annonçait la solennité.

Sur la place d'Armes, ombragée par des marronniers
aux pieds desquels Alphonse Guérin avait joué, sans
doute, on voyait se dresser l'œuvre remarquable,
exécutée par les talents réunis de MM. Georges Bareau, jeune sculpteur d'un mérite reconnu (1), et Pierre
Duménil, architecte distingué, que l'on allait inau-
gurer.

Une stèle à quatre côtés, de proportions harmo-
nieuses, supporte le buste en bronze du grand chirurgien, pétillant de vie, d'intelligence souriante et
puissante. Au-dessous de l'inscription :

Au docteur A. Guérin,

Ses collègues, ses compatriotes et ses amis.

repose, assise sur une avancée du socle, une Gloire
au visage tranquille; elle tient un parchemin — de

(1) Georges Bareau, né à Paimbœuf, prix du salon en 1895.

bronze comme elle — sur lequel elle inscrit ces mots symboliques :

Pansement ouaté — 1870.

Sur le piédestal lui-même, un bas-relief d'une rare vigueur représente Alphonse Guérin appliquant son pansement dans une salle d'hôpital militaire, scène destinée à rappeler l'inauguration de sa découverte.

Des deux côtés sont gravées les inscriptions sui‑ vantes :

ALPHONSE GUÉRIN

APPLIQUE LE PANSEMENT OUATÉ

A L'HOPITAL SAINT-LOUIS EN MAI 1871

JUSQU'ALORS LES BLESSÉS ET LES OPÉRÉS

DU SIÉGE DE PARIS ET DE LA COMMUNE

AVAIENT SUCCOMBÉ A L'INFECTION PURULENTE

AUSSITOT TOUT CHANGE D'ASPECT

ET LE TERRIBLE FLÉAU

EST VICTORIEUSEMENT COMBATTU

GRACE A

CETTE DÉCOUVERTE GÉNIALE

DÈS 1847, ALPHONSE GUÉRIN
SONGEAIT A COMBATTRE LE FLÉAU QUI DÉCIMA
LONGTEMPS LES BLESSÉS ET LES OPÉRÉS
DANS SA THÈSE INAUGURALE IL ATTRIBUAIT
L'INFECTION PURULENTE A LA CONTAMINATION
DES PLAIES PAR LES MIASMES CONTENUS
DANS L'AIR IMPUR DES SALLES D'HOPITAL
CETTE IDÉE LE CONDUISIT A LA DÉCOUVERTE
DU PANSEMENT OUATÉ ET ASSURE A SON NOM
UNE PLACE GLORIEUSE DANS L'HISTOIRE
DE L'ANTISEPSIE CHIRURGICALE

.*.

La remise du monument est faite à la ville de Ploërmel par M. Armand Dayot, inspecteur des Beaux-Arts et président des « Bretons de Paris ».

Il salue dans Alphonse Guérin « un des plus puissants et des plus infatigables bienfaiteurs de l'humanité », en souhaitant que « sur bien des points de notre territoire se dressent comme d'éloquents exemples des monuments pareils à celui-ci ». Oui, en effet, car le maire de Ploërmel, M. le docteur Goupil, peut répondre que cette statue dira aux enfants bretons :

« Allez et travaillez. Soyez vaillants, soyez bons, placez haut votre idéal, efforcez-vous de l'atteindre. »

M. le docteur Guyon, membre de l'Académie des Sciences, président de l'Académie de Médecine, prend la parole à son tour et dans un magistral discours — auquel nous avons beaucoup emprunté, — établit lumineusement quelle fut l'œuvre et la gloire de son éminent collègue.

Après lui, le docteur de Closmadeuc, au nom des médecins du Morbihan, le docteur Merklen, l'un des disciples préférés du docteur Guérin, au nom de ses élèves, le docteur Aubrée, au nom de l'École de Médecine de Rennes, rappellent les souvenirs touchants et bienfaisants du héros de cette fête.

C'est enfin M. Frédéric Guérin qui remercie avec émotion tous ceux qui ont contribué à rendre hommage à la mémoire de son illustre frère.

Deux poètes terminent cette brillante inauguration par les improvisations suivantes. Il convenait que de vrais bardes bretons fissent entendre leur voix en l'honneur de celui qui savait si bien les apprécier.

A ALPHONSE GUÉRIN

Celui-là fut vraiment des nôtres — par l'esprit !
Par le besoin de pourchasser ce qui sourit
Dans la brume du chercheur pensif : marin alerte
Qui loin du port bondit, vole à la découverte
A travers les écueils sonores, voiles au vent ;
Philosophe dont l'œil scrute l'âme ; savant
Qui sur le corps humain se penche, qui promène
Un flambeau dans la nuit de la douleur humaine....

Il chercha, découvrit, et soudain les blessés
Consentirent à vivre, étant par lui pansés.
Cet enchanteur armé d'une méthode sûre
Par la gangrène fit respecter la blessure,
La science dont il viviûa l'effort
Combat l'œuvre du fer et dispute à la mort
Les membres glorieux, la chair endolorie
Du soldat, des héros saignant pour la patrie....

Celui-là fut vraiment des nôtres. — par le cœur !
En ce siècle d'argent, d'égoïsme moqueur,
Il goûta le plaisir, il savoura l'ivresse
De répondre aux appels navrants de la détresse,
D'adresser un sourire et de tendre la main
Aux malheureux qu'il rencontrait sur son chemin :
Il fut bon ; et le bien qu'il semait au passage
Comme un rayon d'aurore éclairait son visage....

Celui-là fut vraiment des nôtres, oui ! vraiment
Par l'âme ! par le mal nostalgique, — serment
Fait de songe incurable et d'invisibles chaînes
Qui rattache nos cœurs à la sève des chênes :
Voix du sol qui propose aux Bretons de Paris
Un tombeau de bruyère et de genêts fleuris....

Dors ton sommeil, ô fils de la terre bretonne,
Comme on dort au pays natal, parmi les siens,
Dors, bercé par le vent plaintif où parfois tonne
      La rumeur des combats anciens.

Dors !... s'il est vrai qu'à l'heure où la lune se lève
Les morts quittent leur tombe et rôdent sous le ciel,
Si le soir on entend le cliquetis du glaive
      Dans la lande de Ploërmel.

Si Beaumanoir, Tinténiac, sur la bruyère
Chaque nuit, reprenant les tournois généreux,
Des chevaliers d'Armor redressent la bannière,
      Tu viendras assister nos preux.

Et paisible témoin de ces rouges suées
Qui parent de rubis les matins éclatants,
Songeur, avec la blanche ouate des nuées
      Tu panseras les combattants.

Léon DUROCHER.

Rarement, pensons-nous, le poète fut inspiré d'une façon plus heureuse. Il appartenait à l'auteur des *Heures tristes* de se faire acclamer en dernier lieu.

Mère que nous aimons, chère terre bretonne
Dont nous sommes pétris, toi, si douce et si bonne,
Terre de nos aïeux, aïeule aux cheveux blancs,
Tressaille de fierté, bénis ce jour qui donne
Sa juste récompense à l'un de tes enfants.

Ils sont déjà nombreux, quand on lit ton histoire
Ceux qui t'ont apporté le plus pur de leur gloire
Pour mettre à ta couronne un nouveau fleuron d'or :
Si nombreux qu'on pourrait oublier leur mémoire :
Lorsqu'ils sont tous nommés, on en retrouve encor.

Artisans ou soldats, savants ou bien poètes,
Apôtres d'idéal ou chercheurs de conquêtes,
Tous ont uni leurs vœux dans une même foi ;
Ils ont pleuré tes deuils, ils ont fêté tes fêtes,
Et ces enfants pieux n'ont vécu que par toi.

S'ils étaient exilés, parfois aux heures brèves
Où leur âme pouvait dans le monde des rêves
S'envoler follement par delà l'horizon,
Elle venait planer sur tes landes, tes grèves,
Recevoir tes baisers et chanter ta chanson.

Celui que nous pleurons te demeura fidèle
Bretagne! — Il t'emprunta sa devise si belle :
« Être Breton toujours et puis faire le bien. »
Et s'étant endormi dans la paix éternelle
Ce juste aura le droit de ne regretter rien.

La mort n'est plus la mort impitoyable et triste
Quand, à travers les temps, le souvenir subsiste
Dans un rayonnement éclatant et vainqueur,
Quand ayant inspiré le ciseau de l'artiste,
L'homme revit dans l'art et revit dans le cœur.

A. VERCHIN.

On ne pouvait, en glorifiant ainsi celui qui avait toujours eu la main étendue pour secourir les malheureux, oublier les pauvres : une noble femme — la princesse de Rohan — voulant s'associer de la manière la plus élevée à l'hommage rendu au docteur Alphonse Guérin, envoya cinq cents francs au maire de Ploërmel, afin que les indigents de la ville unissent leur reconnaissance à la joie générale.

« Assurément, l'idée d'une apothéose ne s'est jamais présentée à l'esprit d'Alphonse Guérin. S'il en avait eu la vision, elle n'aurait pu être différente de ce que réalisait la ville de Ploërmel. Une fête populaire, familiale et simple, remplie de couleur locale, est bien celle dont le désir pouvait remuer une âme bretonne.

» Quel plus beau rêve pour un habitant de votre

contrée, disait le docteur Guyon, que la consécration de sa gloire dans sa ville natale : au seuil de la maison paternelle, en présence de ses compatriotes, de ses élèves, de ses collègues ; quelle douce satisfaction que celle du rayonnement de sa renommée sur son pays d'origine ! (1) »

Alphonse Guérin — il l'avait justement espéré — laissera donc un nom admiré non seulement dans la science, mais dans l'humanité. De plus en plus, on rendra justice à ce grand modeste qui fut si bon. Bientôt Paris l'honorera et s'honorera lui-même en baptisant une avenue ou un boulevard du nom de celui qui fut « le père de l'antisepsie (2). »

Sa mémoire ne s'effacera point de l'esprit des hommes et son nom sera honoré. C'était un homme de bien.

(Eccl., XXXIX. — Rois, XVIII.)

(1) Discours du Dr Guyon.
(2) Décision du Conseil municipal du 29 mai 1897.

TABLE

21010 — Laval, imprimerie Chailland, rue des Béliers, 2.